Paul Scholer

Blüten und Falter

Paul Scholer

Blüten und Falter

ISBN/EAN: 9783743492295

Hergestellt in Europa, USA, Kanada, Australien, Japan

Cover: Foto ©berggeist007 / pixelio.de

Weitere Bücher finden Sie auf **www.hansebooks.com**

Blüthen und Falter.

Gedichte

von

Paul Scholer.

Zürich
Verlag von Cäsar Schmidt
1888.

Seinem Lehrer,

Herrn Prof. Dr. Moriz Heyne

in Göttingen,

in dankbarer Liebe und Verehrung

gewidmet

vom Verfasser.

Prolog.

Blüthenblätter, Schmetterlinge
Sind die Lieder, die ich singe;
Lose Blüthen, wie im Maien
Sie von Haag und Bäumen schneien,
Die im Morgenwind verwehen,
Die im Straßenstaub zergehen;
Kleine Schillerschmetterlinge,
Die mit unbeständ'ger Schwinge
Tändelnd bald ob Blumen wiegen,
Bald in leere Weiten fliegen;
Blust, das niemals Frucht mag geben,
Falter blos mit Eintagsleben —
Blüthenblätter, Schmetterlinge
Sind die Lieder, die ich singe.

Erster Theil.

Lieder und vermischte Gedichte.

Stimmungsbilder.

Abend am See.

Ueber den Wellen zittert
Rosiger Nebelrauch;
Golden am Uferstrauch
Wiederschein der versinkenden
Sonne flimmert und flittert;
Durch die Blätter, die blinkenden,
Flüstert der Abendhauch.

Schaukelnd sacht in der Weite
Schweben Kähne zum Land,
Während vom Kirchlein am Strand,
Dem von Reben umschlossenen,
Träumerisch weiches Geläute
Steigt zu dämmerumflossenen
Burgen an Bergeswand.

Morgen am Bache.

Kleine Schillerfalter jagen
Durch den Blüthenschilf am Bach;
Leichtes Volk, vom Wind getragen,
Kecken Sinns, doch flügelschwach.

Und die thauigen Kelche flüstern
Leis für sich und kichern fein,
Mit den flatternden Geschwistern
Eilige Küsse tauschend ein.

Aber eifrig ziehn die Wellen,
Schmälend auf den Unbestand
Ihrer lockern Reis'gesellen,
Weit in's morgenhelle Land.

Am Meere.

1. Mondnacht.

Der Mond steht über dem Meere;
In stiller, stolzer Pracht
Durchglänzt er das lauschig hehre
Halbdämmer der Sommernacht.

Die weißen Barken schimmern
In duftverschwomm'ner Fern',
Und manchmal geht's wie Flimmern
Von einem fallenden Stern.

Kein Laut im weiten Kreise
Die üppige Luft bewegt,
Nur wenn ein Wellchen, leise
Plätschernd, an's Ufer schlägt;

Nur wenn auf ankernden Schiffen
Eine Kette dumpf erklirrt
Und fernab aus den Riffen
Eine scheue Möve schwirrt.

Das ist von Gottes Gnaden
Ein Ort geweihter Rast,
In Träumen wegzubaden
Der Erde Staub und Last:

Da sinket jed' Verschulden
Gar tief in's stille Meer,
Und liebendes Gedulden
Quillt leuchtend himmelher.

2. Sturmbild.

Sieh' dort im Meer das schwanke Boot
Ob sturmgethürmten Wellen....
Genad' uns Gott, und drin.... der Tod!
Die Segel thut er stellen.

Nun gnade Gott dem Schiffer bleich,
Das Steuer ist ihm entfallen....
Der Tod ergreift's, und Streich auf Streich
Die Wasser zischend wallen.

Es tanzt und fliegt das morsche Boot
Durch Nacht und Gischt und Wellen,
Und starr am Steuer steht der Tod,
Am Riff es zu zerschellen.

3. Strandbild.

Es steht ein Kreuz am Strande
Im fahlen Dämmerlicht,
Wo sich mit wildem Brande
Die dunkle Welle bricht.

Das Kreuz hält starr umschlungen
Des jungen Fischers Weib,
Auf seinem Grab zersprungen
Ist ihr das Herz im Leib.

Ein Segel in der Ferne
Verschwebt in träger Ruh',
Nur wenige frühe Sterne
Seh'n kalt vom Himmel zu.

Idyll.

Zwischen Bergen, zwischen Felsen
Liegt ein Wald im nächt'gen Grund,
Zwischen seinen mächt'gen Bäumen
Möcht' ich träumen allestund.

Zwischen schwanken Aesten singen
Vögel froh und traurig bald,
Zwischen Moos und Blumen springen
Kluge Rehlein durch den Wald.

Zwischen Eichen, zwischen Ulmen
Liegt versteckt ein stiller See,
Zwischen grünen Wassern tauchen
Silberne Fischlein in die Höh'.

Zwischen See und Wald inmitten
Winkt ein Häuschen, schmuck und klein,
Zwischen seinen weißen Wänden
Geht ein Mägdlein aus und ein.

Zwischen ihren rosigen Fingern
Glänzt ein Ring mit gülb'nem Schein,
Zwischen seinen zarten Reifen
Steht ihr Name und der mein'.

Zwischen Bergen, zwischen Felsen
Liegt ein Wald im stillen Grund,
Zwischen seinen stolzen Bäumen
Möcht' ich träumen allestund.

Der Rhein bei Basel.

„Glück auf, Glück auf zur Wanderschaft,
Du lieber, lust'ger Rhein,
Nun zieh' mit kecker Schweizerkraft
In's deutsche Land hinein!"

Im Morgenscheine ragt und blinkt
In's Land der stille Dom
Und durch die reichen Fluren schlingt
Sich wanderfroh der Strom.

Doch wie er nun der stolzen Stadt
Gemach vorübereilt,
Ihr Aug', des Schauens nimmer satt,
Gar wonnig auf ihm weilt.

So schaut von ihrem hohen Thron
Wohl eine Königin
Zum reisigen, jugendschönen Sohn
Mit Stolz und Liebe hin.

Und scheidend schlingt er einmal noch
Den Arm um ihren Fuß,
Da singen ihm vom Münster hoch
Die Glocken diesen Gruß:

„Glück auf, Glück auf zur Wanderschaft,
Du lieber, lust'ger Rhein,
Nun zieh' mit kecker Schweizerkraft
In's deutsche Land hinein!"

Jahreszeiten.

Erstes Frühlingslied.

Wenn der Frühling durch die Welt
Brauset frohen Schalles
Und er rings in Wald und Feld
Und im weiten Himmelszelt
Weckt mit Jubel Alles;
Lustig schlingend sich zum Reigen,
Dann aus Blust- und Knospenzweigen
Neckische, kleine Elfen steigen:
Leise, leise, husch und husch
Webt es durch den Heckenbusch.

Schweif' ich nun mit trübem Sinn,
Noch vom Winter träge,
Ueber solche Wege hin,
Wispert's in den Blüthen drin,
Regt sich's im Gehäge;
Schneidet spöttisch mir Gesichter
Und es nähert dicht und dichter
Sich das lockere Gelichter,
Husch, und eh' ich mir's bewußt,
Sitzt und wühlt es in der Brust.

Und es wühlt und dehnt und streckt
Sich in alle Tiefen,
Sprengt die Thüren und erweckt
Lose Geister, die versteckt
Dort, verzaubert schliefen.
Und nun welch' verworr'nes Schlingen,
Summend Schwirren, klirrend Klingen,
Arme Brust, du wirst zerspringen....
Da! Mit einmal schweigt's und flieht
Husch — als erstes Frühlingslied.

Frühlingskrieg.

Nun schlägt der Frühling die große Schlacht
Mit des Winters grimmiger Heeresmacht
In Thalen und Felsenschlüften:
Kriegsmusik ist Sturmgebraus,
Und, windschnelle Reiter, jagen voraus
Die Wolken hoch in den Lüften.

Im Gebirge, horch! Kanonenknall —
Mit weithindonnerndem Wiederhall
Darnieder gehn die Lawinen;
Und tief in den Gründen da regt sich's leis:
Kobolde hämmern mit emsigem Fleiß
An tausend unsichtbaren Minen.

Und sie lockern und sprengen die Fessel, die lang
Die Erde geknechtet mit eisigem Zwang:
Auf wacht sie aus bänglichem Träumen,
Und aus den Augen den Schlaf sie zwingt,
Weil hoch ihr flammendes Banner schwingt
Die Sonne ob knospenden Bäumen.

Und gewonnen ist sie, die große Schlacht:
Es kommt der Frühling mit Macht über Nacht
Durch die lachenden Lande gefahren;
Die Vögel schmettern den Siegsruf laut,
Und es sinkt ihm an's Herz die entzauberte Braut
Mit blitzenden Blüthen in Haaren.

Frühlingsstimmung.

1.

Die Wolken wieget ein würziger Wind,
Die Wellen sie wallen gar lustig und lind;
Blüthengezweige schlägt rauschend darein:
Soll mein Herz denn allein
In störrischem Stumpfsinn befangen noch sein?

O nein! und vor jeglichem sonnigen Hauch
Hüpft höher und heit'rer und wonnig es auch,
Sich wie die Zweige, die Wolken bewegt,
Und jeder Schlag, den es schlägt,
Die tönende Welle der Lieder erregt.

2.

Leise schwebt im Blauen droben
Eine Wolke, kraus und licht,
Aeste schaukeln, duftdurchwoben,
Und der Wind, der lose, spricht:

Hin und wieder lustig schaukeln
Laß den lenzerblühten Sinn
Und als lichte Wolke gaukeln
Einen Glückstraum drüber hin.

April.

Der Dichter frägt:

Launisches Aprilenwetter:
Sonnschein; sturmumwölkter Himmel;
Frischergrünte Knospenblätter
Beugt ein graues Schneegewimmel.

Dreht in tollem Mummenschanze
Sich, vom Lenze nasgeführet,
Winter nun im Kehraustanze,
Bis der Schlag ihn jählings rühret?

Oder sind die frommen Horen
Gar vom Habergeist besessen,
Weil an aller Winde Thoren
Aeolus sein Amt vergessen?

Oder lächelt nur die Sonne
Ob den Thränen, so die Erde
Weint vor eitel Glück und Wonne,
Daß des Maien Braut sie werde?

Der Skeptiker antwortet:

Weib und Wetter, lieber Vetter,
Suche nimmer zu ergründen.
Mich gemahnt's wie ein koketter
Scheinkampf mit gewollten Sünden.

Mai.

Das war der große Zaub'rer Mai,
Der thät durch's Land mich führen,
Indeß in Lüften froh und frei
Die Lerchen tirilieren.

Und an den Wegen wies er mir
Manch Blümlein blau und golden;
Die flüsterten gar süß von Dir,
Der nievergeß'nen Holden.

Sie flüsterten: „Es war im Mai,
Daß ihr im Trotz euch schiedet;
So schafft denn, daß der Mai es sei,
Der fester euch befriedet."

Und nun zum Wald ich trat hinein,
Rauscht's hell aus tausend Zweigen:
„Nein, zweifle nicht! Dein blieb sie, dein
Mit Seel' und Leib zu eigen!"

Und stracks die Vögel über mir
Fielen ein mit Singen und Klingen:
„So laß geschwinde denn zu ihr,
Dich Vielwillkomm'nen bringen!"

Und sieh, schon steh' ich vor der Thür
Und rufe süß beklommen:
„Vieltreues Liebchen, komm herfür,
Dein reuiger Schatz ist 'kommen!"

Mainacht.

Am Himmel blitzt der Abendstern,
Es flüstert in den Lüften,
Und kosend webt es nah und fern
Von linden Maiendüften;
Da schwillt mein Herz gar süß und sacht
Mit wundersamem Regen
Dir entgegen,
Du lenzlich lauschige Märchennacht!

Und jubelbeschwingt
In den Himmel hinaus sein Lied erklingt:
  Gute Nacht,
Blühende Erde ringsum,
Und droben ihr glühenden Sterne,
Und in der Heimat Ferne,
  Treuliebchen du,
  Gute Nacht,
  Süße Ruh'!

Mein Aug' nur mag sich schließen kaum,
Ihm däucht es, Engel fliegen
Hin durch den sternenweiten Raum,
In Träume mich zu wiegen,
In wache Träume süß und sacht
Von einer ohnegleichen
Zauberreichen,
Bald nahenden Minnesommernacht,
Die, vor Wonne still,
Mit heimlichem Jauchzen ich grüßen will:
  Gute Nacht,
Glühende Erde ringsum,
Und ihr himmlischen Hochzeitkerzen,
Und hier am pochenden Herzen,
  Treuliebchen du,
  Gute Nacht,
  Süße Ruh'!

Sommermorgen.

Rauschende Wälder
Im Morgenschein,
Wogende Felder
Und schmetternde Lerchen

In den Himmel hinein;
Murmelnde Quellen
Springen zuthal,
Ob stäubenden Fällen
Spannt Bogen an Bogen
Der glitzernde Strahl.

Singe, o singe
Zu dieser Frist,
Loblieder bringe
Dem Schöpfer und Herren,
Der dir so freundlich ist!
Sonnen entgegen
Ihm jauchze empor;
Stille dem Regen
Allgöttlichen Lebens
Oeffne geräumig
Zum Herzen ein Thor.

Sommernacht.

Ich weiß einen Klang, der schwebt mir im Sinn,
Einen Klang, der in duftenden Winden
Der Sommernacht säuselt daher und dahin,
O könnt' ich ihn fassen und binden!
Doch ist er zu luftig, zu los und zu leicht,
Bald nieden, bald oben im Himmel er streicht.

Und ein Märchen weiß ich, das murmelnd der Quell
Erzählte den glühenden Rosen,
Ein Märchen, so lauschig und sternenhell,
Voll üppigem Minnen und Kosen;
Mir schlich es in's Herz, in's geheimste, hinein,
Dort muß es für immer verschlossen auch sein.

Und den Traum des Eichwalds hab' ich belauscht,
Im Mondschein den Reigen der Elfen,
Da hat mich sein Zauber berückend umrauscht,
Nichts mag aus dem Banne mir helfen.
Und träumend nun schweif' ich dahin und daher,
So froh und so traurig, so leicht und so schwer.

Herbst.

1.

O sieh, wie Duft durchschwebet
Das stille Wiesenthal,
Wie längs den Höhen webet
Goldrieselnder Sonnenstrahl!

Wie sich die Wälder färben
Mit mannigfaltem Schein,
Viel reicher noch im Sterben
Als reich im grünen Mai'n!

O wie so sanft und heiter
Dies Herz nun schwärmt und schweigt
Und wie auf güld'ner Leiter
Durch alle Himmel steigt!

Wie's wieder Stund' auf Stunde
Der fernsten Lieben denkt,
Und jedem alten Bunde
Erneute Treue schenkt!

Wie süß es überschwellend
In Sehnsucht all' umschließt,
Und, ganz zu Ruh' sich stellend,
Vollreinstes Glück genießt!

2.

Die bleichen Sterne sanken
Herab vom Himmel sacht,
Todmüde Scheidegedanken
Des letzten Traums der Nacht.

Die Winde gingen kühle,
In's Fenster stieg der Tag;
Im heißen Krankenpfühle
Mein Haupt vergraben lag.

Da fuhr ich auf erschrocken
Aus wüstem Fieberschlaf:
Ein heller Klang von Glocken
Mein Ohr von ferne traf.

Die Glocken sind's der Heerden,
Die von den Weiden ziehn,
Denn Herbst will es nun werden,
Der Sommer starb dahin.

Das sind die Todtenlieder,
Die in die frühe Gruft
Dem Sommer schallen nieder,
Der sonnigen Lebensluft.

O wundersames Läuten,
Wie bang lausch' ich dir zu,
Sollst du auch mir bedeuten
Die nahe Todesruh'?

3.

Das ist der Herbst, der schöne Herbst,
Zu Throne will er steigen;
O sieh, wie tief sich überall
Die Wipfel vor ihm neigen:

Bunt bekränzt ihr laubig Haar
Werfen sie ihm zu Füßen dar
Das Fruchtgold aus den Zweigen.

Das ist der Herbst, der milde Herbst
Mit seinem Hofgesinde,
Dem spinnenden Duft in klarer Luft
Und wonnigem Rauschen der Winde.
An die Brust er leise legt,
Weich und warm im Arm er trägt
Den Frieden als Angebinde.

Das ist der Herbst, der frohe Herbst;
Zum Klang der Heerdenglocken
Fährt er durch's Thal und hört vom Berg
Der Winzer Gruß frohlocken;
Aber im Festkleid blaugestickt
Lacht die Sonne, nickt und drückt
Die Krone ihm auf die Locken.

Ja wohl, das ist der holde Herbst,
Der nun zu Thron will steigen,
Und wenn erst seinem sanften Stab
Die Länder all sich neigen,
Löst er still und kaum bewußt
Auch das Wirrsal deiner Brust
In gold'nes Lächeln und Schweigen.

4.

Durch dürre Wälder schreit' ich sacht
    In tiefer Nacht,
Und raschelnd unter mir zu Staub
    Zerfällt das Laub.

So wallt im Dunkeln auch gar sacht
Des Schicksals Macht
Und mahlt des Glückes letzten Raub
Vollends zu Staub.

Wenn das Heimchen zirpt.
(Aus dem Englischen.)

Wenn das Heimchen zirpt, wie ein Elf so fein,
Im Herbst auf Matten und Waldesrain,
Wie folgt da das Auge stumm entzückt
Der Spur, die der scheidende Sommer gedrückt
In den braunroth schimmernden Rasen hinein,
Wo das Heimchen zirpt.

Gold'ne Saiten spannet der Sonne Schein,
Drauf spielen gar liebliche Melodei'n
Die Winde wie Meister, im Sange geschickt,
Weil das Heimchen zirpt.

Doch wird erst der Herbstduft vergangen sein,
Wenn heiser die Stürme des Winters schrei'n,
Dann naht eine Stunde, viel höher beglückt,
Für mein Lieb und mich, wenn weltentrückt
Wir sitzen beim traulichen Feuerschein
Und das Heimchen zirpt.

Winter.
(Nach dem Englischen.)

Ob wohl die stille Erde, nun
Dem Winter sie vermählet,
Ihm je von all dem tollen Thun
Ihres Liebsten Mai erzählet?

Wenn starr und schwer um ihre Brust
Das Frostgeschmeid sich schmieget,
Zurück vielleicht zur todten Lust
Ihr heimlich Sehnen flieget;

Zurück zu linder Winde Wehn
Im jungen Wälderreiche,
Wo schlanke Silberlilien stehn
Rings um die dunkeln Teiche,
Wo Moos sich breitet weich und grün
Und duftigen Thaues Regen
Hernieder auf den Wand'rer sprüh'n
Die Röslein in den Hägen.

Und weil sich so um's alte Glück
Wehmüthige Träume spinnen,
Winkt ihr auf's Neu' mit sonnigem Blick
Der Lenz zu wonnigem Minnen.
Und warm durch Eis und grauen Frost
Fährt oft ein gold'ner Schimmer,
Dann lächelt leise sie: „Getrost,
Die Liebe lebt noch immer!"

Jahreslauf.

Still mit den ersten Veilchen war Beider Glück erwacht,
Lichtgolden hat es beim Glänzen der Junisonne gelacht,
Doch heimlich mit den Schwalben entfloh's auch über Nacht,
Und über den langen Winter hat Keines mehr sein gedacht.

Wandermappe.

Es singen die Vögel beim Reisen
Gar fröhlich schmetternde Weisen,
Es kommen die wallenden Wogen
Mit schallendem Sange gezogen,
Und lustig rauschen die Winde,
Durch Berge fahrend und Gründe,
So mag auch mir ohne Singen
Keine glückliche Fahrt gelingen.

1.
Nebelnacht.

Grau hängt die Nebelnacht;
Schon ist es allerorten
Gar schlummerstill geworden,
Nur dieses Herz und Auge wacht.
Von fremder, öder Reise
Heimkehrend, summ' ich leise:
Grau hängt die Nebelnacht,
Doch sei sie noch so dichte,
Mir weisen hell die Richte
Drei Sterne, in der Brust entfacht;
Es leiten aus der Ferne
Mich die getreuen Sterne
Durch graue Nebelnacht:

Die lichten Aeuglein sind es
Des allerholdsten Kindes,
Deß Liebe mich überselig macht,
Und eine Liederweise,
Wie diese, die ich leise
Beim Wandern mir erdacht
Durch graue Nebelnacht.

2.
Kahnfahrt.

Leichte Wellen, leise Winde,
Und der Himmel steht in Gluth,
Unser Schifflein schwebt gelinde
Auf der sanftbeglänzten Fluth.

Leichte Wellen, leise Winde,
Tief im Schatten liegt die Stadt;
Leis am Ufer rauscht die Linde,
Lispelnd neigt sich Blatt zu Blatt.

Leichte Wellen, leise Winde —
Und ein Fenster blinkt von fern;
Hin zum Fenster, hin geschwinde,
Glänzt dahinter nicht ein Stern?

Leise Winde, leichte Wellen:
Zwar ein Stern ist jenes nicht,
Ist die Sonne, die den hellen,
Letzten Strahl im Glase bricht.

Leise Winde, leichte Wellen:
Sonne sank am Bergesjoch,
Doch aus jenem Fenster quellen
Weiche Schimmer immer noch.

Leise Winde, leichte Wellen:
Liebchen treibt dort neckisch Spiel;
Auf denn, fröhliche Gesellen,
Und das Fenster sei das Ziel!

3.

Ebenso.

Kräusle, Wind, die Wellen
Grüner Wasserbahn,
Laß die Segel schwellen,
Treib' die Rud'rer an!

Fächle um die Wangen
Linde Kühlung mir,
Lind're mein Verlangen,
Diese Gluth nach „ihr"!

Mach' die Nebel weichen
An der Berge Saum,
Rausche durch die Eichen,
Durch den Blüthenbaum!

Rausche weiter immer
Bis vor Liebchens Haus;
Breite klaren Schimmer
Vor dem Kahn mir aus!

Flüst're durch die Aeste
Süßen Gruß von mir,
Meld' ihr liebe Gäste,
Rausche, Wind, zu ihr!

4.

Sonnenaufgang.

Es geht ein Rauschen durch den Wald,
Ein wundersames Rauschen,
Dem alle Blumen an der Hald'
Nickend und flüsternd lauschen.

Rings beugen die stolzen Wipfel sich
Mitsammt den tiefsten Zweigen,
Wie wenn Ritter und Knappen feierlich
Vor schönen Damen sich neigen.

Und über dem Teich die Nebel zumal
Sich theilen und aufwärts schweben,
Wie Sammtgardinen im Krönungssaal,
Wenn hurtige Pagen sie heben.

Und horch! ein heller Glockenton
Kommt zitternd im Wind getragen,
Wie wenn der Harfner vor dem Thron
Die Saiten beginnt zu schlagen.

Und wieder rauschen die Bäume all',
Und das Echo hallt aus den Gründen,
Gleich fernem Tusch und Trommetenschall,
Des Königs Nahen zu künden.

Doch plötzlich alles im Kreise schweigt,
Wie schauernd in Furcht und in Wonne,
Und strahlend über die Berge steigt
Die Fürstin des Tags, die Sonne.

5.
Waldrast.

Wie lauschig abgeschieden
Ruht alles hier herum,
Kaum stört den tiefen Frieden
Nur mehr ein fern Gesumm!

Rings stehn die wald'gen Gipfel
Vom letzten Roth verklärt,
Und über die stillen Wipfel
Ein gold'ner Schauer fährt.

Hier will in duft'gem Moose
Ich lagern mich allein,
Von meinem lust'gen Loose
In's Blaue träumend hinein.

Da schwebt wohl in den Lüften
Ein Engel hold und sacht,
Und unter Traum und Düften
Umfängt mich leise die Nacht.

6.
In der Schlucht.

Es braust der Waldbach durch's Gestein
Vorüber an trotzigen Tannen,
Steil windet der Pfad in die Schlucht sich ein,
Drob die Brücken sich luftig spannen.

Viel bunte Blümchen im Felsenschooß
Im Windhauch schillern und schwanken,
Und Farrenkräuter und dunkles Moos
An die sonnigen Halden sich ranken.

Da wallen wir beide gar einsam und traut,
Zwei in Ein's verflochtene Seelen,
Und jubeln es heimlich und jubeln es laut
Und können es nimmer verhehlen:

„Vorbei ist, zerflogen wie lockere Spreu,
Wie die Nebel am Berge zerstieben,
Der eifernde Groll und die zagende Scheu
Und nichts als die Liebe geblieben!"

Doch öfter noch bleiben in stummer Luft
Wir seltsamen Pilgrime stehen
Und sinken uns still an die klopfende Brust
Und möchten vor Wonne vergehen.

7.
Vor der Stadt.

Ja, blinket nur, ihr Zeiger beid'
Am alten Stadtthor drunten!
Gottlob, noch ist mein Glück und Leid
An euch nicht festgebunden!

Um Glockenschlag und Uhrengang
Braucht unsereins nicht zu fragen,
Wir wandern frei die Welt entlang,
So weit die Füße tragen.

Wir wandern flink landaus, landein,
Gesehen kaum — verschwunden,
Und Mondenglanz und Sonnenschein
Sind uns're einz'gen Stunden.

Und ob ihr gleich von Golde blitzt,
Das soll uns wenig grämen,
Wer nichts auf weiter Welt besitzt,
Dem kann sie auch nichts nehmen.

Doch wo ein teckes Lied erklingt
In Wäldern und in Winden,
Und eine Knosp' am Wege springt,
Wir nehmen's, wie wir's finden.

Die Lieder zu Abend singen wir
Im Weiler über der Grenze
Und tanzenden Dirnen schlingen wir
Die Knösplein in die Kränze.

Die Lieder schaffen uns Speis' und Trank
Bei Freunden und bei Sippen,
Die Blumen süßen Minnedank
Von frischen Mädchenlippen.

Doch nun ade, ihr Zeiger beid',
Euch schläfert's schon, ich merke;
Die Sonne brennt und der Weg führt weit,
Juchhei, über blauende Berge!

8.

Lied.

(Zu Eichendorff's: Aus dem Leben eines Taugenichts.)

Wenn der Mondschein auf den Wäldern lauscht
Und versilbert jedes Blatt erblinkt,
Leis der Mühlbach seine Weisen rauscht
Und ein Licht in trauter Ferne winkt,
Jauchz' ich laut in mir,

Schweifend im Revier,
Tausend süße Grüße send' ich dir;
Und auf Blumen bunt
Werf' ich dann mich hin,
Träumend manche Stund',
Wie ich dir so gut, so gut doch bin.

Hebt die Sonne aus den Bergen sich,
Sich die Lerche schmetternd in die Luft,
Fällt ihr erster, schönster Strahl auf mich.
Singend wandr' ich durch den Morgenduft,
Aber wo ich geh',
Aber wo ich steh',
Ich nur dich, vielschöne Fraue, seh';
Und auf Blumen bunt
Werf' ich dann mich hin,
Träumend manche Stund',
Wie ich dir so gut, so gut doch bin.

Wie es gestern ging, so geht es heut',
Lauter Sonnenschein und Wanderlust!
Lachend grüßen mich am Weg die Leut',
Und ich sing' aus voller Luft und Brust,
Daß es rings der Wald
Jubelnd wiederhallt:
„Schöne, gnäd'ge Frau, wir seh'n uns bald!"
Und auf Blumen bunt
Werf' ich dann mich hin,
Träumend manche Stund',
Wie ich dir so gut, so gut doch bin.

Confessionen.

Mein Lied.

Durch die Nacht erlosch'ner Wonnen
Strahlt mein Lied als milder Stern,
Von der Pracht versunk'ner Sonnen
Malt es Bilder kalt und fern.

Ach! und schwebt, wie Noahs Taube
Sich ob wüsten Wassern wiegt,
Ob der Gruft nur, drin mein Glaube
An das Glück begraben liegt.

Ermuthigung.

Tapfer duld' es, was dir Schweres
Diese Zeit bescheiden mag,
Golden aus dem Wust des Meeres
Steigt und schöner nur der Tag.

Darfst du keine Lieder singen,
Schließ' sie still noch in dir ein,
'S kommt der Lenz, wo alles klingen,
Blühen wird und fröhlich sein.

Klagst du Liebe, die verloren,
Wohl! Doch übt sie reich Entgelt,
Wenn sie bald zu allen Thoren
Strahlend neuen Einzug hält.

Darum duld' es, was dir Schweres
Diese Zeit bescheiden mag,
Wonne füllt dein jetzt so leeres
Herz am ersten Maientag.

Knospe.

O du liebe, spröde Knospe,
Du verhüllst dich schlicht,
Und du wähnst, dein stilles Weben
    Merk' ich nicht.

Besser, glaub' mir, liebe Knospe,
Kenn' ich's selbst als du,
Und ich seh' ihm im Geheimen
    Selig zu.

Denn ich ahne, spröde Knospe,
Weil du webst und träumst,
Schon die Blüthe, die zu öffnen
    Du nur säumst.

Ja ich weiß auch daß ich selber
Deinen strengen Bann
Bald, o bald, zur guten Stunde
    Lösen kann.

Doch, gewärtig dieser Stunde,
Wachsam muß ich sein,
Daß die Blume sich entfalte
    Mir allein;

Daß kein Andrer sie erwecke
Und für sich sie pflückt,
Weil der reine Thau vom Himmel
Dich noch schmückt.

Hüll' dich, liebe, schlichte Knospe,
Spröd denn immer ein,
Mußt erblühn doch, und die Blüthe
Ist ja mein.

Abendgebet.

Schon dämmert's ringsum wieder,
Der Tag zur Ruh' sich neigt;
Still sinkt die Nacht hernieder
Und Stern zu Sternen steigt;
Da legt ein süßes Träumen
Sich auf mein Herz gar sacht
Nach wildem Ueberschäumen
Mit ruhesamer Macht.

Und was im tiefsten Grunde
Der Seele sich verhüllt,
Das drängt sich nun zum Munde
Von Wohllaut überfüllt.
Und all die wirren Bilder
Der tagesmüden Brust
Sie schimmern mild und milder
Durch Thränen kaum bewußt.

Und über die Lippe leise
Quillt freudig das Gebet:
„Dank Dir, der mild und weise
„Bedacht, was wir erfleht;

„Dein göttlich liebend Walten
„Hat nimmerdar geruht,
„So laß denn nie erkalten
„Auch dieses Herzens Gluth!

„Laß mich mit festem Sinne
„Dir all mein Wesen weih'n,
„Daß ich in reiner Minne
„Mög' stark und stille sein.
„O laß' um ihre Treue
„Mich ängstlich zweifeln nie,
„Und ob mein Leid sich neue,
„O Herr, nur schütze s i e!

Nun mein und dein.

Nun mein und dein für immer,
Nun ewig dein und mein:
Zerstückt in tausend Trümmer
Liegt all die Angst und Pein,
Die Angst, die unsre bange
Vergangenheit erfüllt,
Die unser Glück so lange
Mit schwarzem Flor verhüllt;
Die Pein auch, die geschaffen
Wir uns mit eig'ner Hand,
Mit giftigen Zweifels Waffen
Und eiferndem Unverstand.

Nun liegt sie all versunken
Als wie im tiefsten Meer,
Und glück= und wonnetrunken
Sehn wir die Welt umher
Im süßesten Scheine flittern,

Den Himmel hoch und blau,
Und in den Augen zittern
Wie Morgenblumenthau
Die heißen, liebefeuchten,
Die Thränen frommer Reu',
Die von Vergebung leuchten
Und wandelloser Treu'.

Und ob ihm gleich verschlossen
Der Segen aus Priesters Mund,
Wir schwören unverdrossen
Der Herzen heil'gen Bund
Nun selber, Hand in Händen,
In trauter Einsamkeit,
Als ob vor Ihm wir ständen,
Der ihn ja längst geweiht.
Sieh', Seiner Sonne Schimmer
Bricht hell ob uns herein;
Und so denn mein für immer
Und ich auf ewig dein!

Falterleben.

Ein leichter Falter ist mein Herz,
Ein Falter soll es bleiben
Und immerdar und allerwärts
Durch Glanz und Düfte treiben.

Und wird es endlich überrascht
Vom flügellahmen Alter,
Von Blüthen, die's dort droben nascht.
Hinträumend, stirbt's als Falter.

Leichter Sinn.

Ein Narr ist, wer bei Sternenschein
Sich um die Sonne grämt,
So Narr auch, wer, wenn's Liebchen fern,
Sich and'rer Liebe schämt.

Ein Narr, wer der Viole Duft
Zu athmen Nachts verschmäht,
Nur weil die Lilie schläft und still
In sich versunken steht.

Der Morgen kommt, die Sonne siegt,
Verschönert prangt der Flor,
Und stärker bricht die alte Lieb'
Aus neuer Liebe vor.

Des Tages Gluth und Sonnenschein,
Nachts milder Duft und Glanz,
So wird dein Leben ganz und reich,
Dein Lieben reich und ganz.

Anch' io sono. *)

Auch ich bin ein... Don Juan.
Ob ein kläglicher Schlucker
An Stolz zwar und süßen,
Verwegenen Siegen,
Eng sonst doch in Jedem
Verwandt meinem großen,
Beneideten Vetter.
Verzehrt von dem Durste
Nach wechselnder Lust,
Der Liebe verschrieb ich
Gleich ihm dieses Leben
Und raschem Genusse.

---

*) Zur Centennialfeier der ersten Don Juan-Aufführnng.

Selbstsüchtig und sorglos
Der Sitte lacht' ich
Und treuer Berathung.
Wer je mir vertraute,
Der weiß zu erzählen
Von bitterster Kränkung
Und als Rächer erstand mir
Ein steinerner Gast auch:
Mein besseres Herz,
Das selbst ich gemordet
Und wieder gerufen
Aus tiefem Grabe
Mit nächtlichem Lied.

Selbstanklage.

Nun bist du mir verloren gar
Und morgen heißt es scheiden;
Doch dieser Schmerz ist offenbar
Und nicht mein schlimmstes Leiden.

Um deine Liebe klag' ich nicht,
Die ich zu spät besessen,
Und selbst dein süßes Angesicht
Läßt sich, will's Gott — vergessen.

Auch fleh' ich nicht als letzte Huld,
In Mitleid mein zu denken,
Ich hab's verscherzt durch eig'ne Schuld,
Mit eig'nen freveln Ränken.

Doch, ob du gleich, so hoch und rein,
Sie schweigend stets ertragen,
Geahndet muß die Schuld nun sein
Und kund gethan die Klagen:

Daß ich mit frecher Hand gesä't
Mir Unkraut in den Weizen,
Die schlichte Treue feig verschmäht
Ob feilen Tagesreizen;

Daß heil'ges Feuer ich genannt
Der Lüste wüste Gluthen,
Davon verdorrt und ausgebrannt
Mein Herz sich muß verbluten;

Daß mir statt Kornes Dornen dicht
Und Nesseln aufgegangen,
Daß ich den Frieden kenne nicht
Und ach! — kein ächt Verlangen.

Volksweisen.

1. Was grämt mein Lieb?

Wenn ich die Leute frage:
Was grämt mein Lieb?
So sagen sie: „Reue,
Da sie nicht schuldlos blieb."

Wenn deinen Mund ich frage,
Heißt's: „Gram um dich
Und heimliche Zweifel:
Geliebter, liebst du mich?"

Wenn ich dein Auge frage,
Abwehrend spricht's
Mit blitzendem Stolze:
„Du Thor, mich grämet nichts."

Wenn ich mein Herz nun frage,
Pochet es schwer
Und friedlos wie deines:
„O still und frag' nichts mehr!"

2. Blumen und Liebchen.

Und wenn am Haag die Veilchen blühn,
Will mein Vielliebchen frei'n;
Das blüht viel hundertmal schöner noch
Als die Blumen groß und klein.

Und wenn am Wald die Rosen blühn,
Eine reiche Braut wird's sein,
Und trägt im Haar den Myrthenkranz
Von wunderhellem Schein.

Und wenn im Beet die Astern blühn,
Lieg' ich im stillen Schrein,
Levkoyenzweiglein in der Hand
Und am Herzen Rosmarein.

Und wenn die Blumen all' verblüht,
Tief unten träum' ich fein
Von Immergrün und Vergißmeinnicht
Und vom Vielliebchen mein!

Abschied.

Nun genug des Widerstrebens,
Das geheim dich längst beseelt,
Zwang und Eifer ist vergebens,
Wo Geduld ihr Ziel verfehlt.

Geh' denn! Fröhne dem Verlangen,
Das dich stets genießen heißt,
Keck verlachend diesen bangen,
Lieb'- und zweifelschweren Geist.

Geh' denn! Folge jenem Triebe,
Der dich kälter stets erfaßt,
Und verschmähe eine Liebe,
Die du nie verstanden hast.

Aber, weil die morschen Bande
So getrennt mit scharfen Schnitt,
Nimm zum Schicksalsunterpfande
Auch dies Wort der Rache mit:

Sichern Trittes naht die Stunde,
Die dich ziehet in's Gericht
Und aus unbestoch'nem Munde
Das Vergeltungsurthel spricht;

Da vom jähen, letzten Streiche
All dein Flitterglück zerschellt,
Und die Reue sich, die bleiche,
Unzertrennlich dir gesellt!

Da du scham= und gramzerrissen
Einsam deinen Tag verlebst,
Und verzweifelnd in die Kissen
Nachts dein heißes Haupt vergräbst;

Da mit wildverstörten Zügen
Aufsteht mein vergeß'nes Bild
Und dein sorglos Selbstbetrügen
Freveln Mord und Meineid schilt;

Da die Liebe, leise wimmernd,
Seit' an Seiten mit ihm geht,
Und ihr Aug', in Thränen schimmernd,
Brechend klagt: Zu spät, zu spät!

Bitte.

Eine Lieb' in diesen Busen,
Eine tiefe, noch gesenkt,
Eine Spende noch der Musen,
Eine reiche, mir geschenkt!

Einen Traum mir noch, wie jene,
Die das Kind ihr träumen ließt,
Oder ach! nur eine Thräne,
Drin die ganze Seele fließt;

Parzen, einen Lenzesschimmer,
Einen Tag voll Sommergold...
Und entzwei dann und für immer
Reißt die Fäden, wann ihr wollt!

Vergiftet.

Einen Becher hast du mir geboten,
Deine Lippen, deine blühend rothen;
Und ich trank mit wonneburst'gem Beben,
Was ich wähnte, einen Trank zum Leben.

Aber weh! wie fand ich mich betrogen:
Was ich arglos tief in mich gesogen,
Ist ein furchtbar schleichend Gift gewesen,
Das mich nimmer, nimmer läßt genesen;

Das durch's Herzblut glühend mir geronnen,
Gier erweckend nach versagten Wonnen,
Das in langsam marterndem Verderben
Mich nicht leben läßt und — ach! nicht sterben.

Es war ein Traum.

Es war ein Traum. Der Traum ist vorbei!
Ich kann nur bitten: Vergiß, verzeih',
Daß ich je zu träumen ihn wagte!
Ich kann nur bitten: Vergiß, vergib,
Wenn von heimlichem Hoffen und sehnender Lieb'
Nur ein Strahl meines Aug's dir sagte!

Es war ein Traum, und er schwand dahin:
Ich sehe mit kaltem, mit nüchternem Sinn
Seine letzten Zauber zerrinnen,
In Trümmer zerfallen Stück für Stück
Eine weite, goldene Welt von Glück
In meinem Herzen tief innen.

Es war ein Traum. O vergiß, verzeih'!
Es war bloß ein Traum und er ging ja vorbei,
Eine Knospe, vom Wetter zerschlagen.
Mein Kopf ist schwer und mein Herz ist leer,
Ich lächle verlegen: „O bitte nur sehr,
Mir keine Sottisen zu sagen!"

Sehnsucht nach Frieden.

Die sich're Ruh zu finden
Sei fürderhin mein Ziel;
So viel sah ich entschwinden,
Es fiel mein best' Empfinden
 Dem Spott zum Spiel.

Mein muthig ernstes Ringen
Ein Gott mit Neid verneint,
Und all' mein Liedersingen
Bringt keine Brust zum Springen,
 Die er versteint.

O Ruhe, stäter Frieden,
Wann kennt euch dieses Herz?
Nur Träume sind hienieden,
Nur Thränen uns beschieden,
 Nur Scherz und Schmerz.

Noch einmal.

Noch einmal grünt mit frischem Laub
Der müde, sturmzerriss'ne Stamm,
Noch einmal sprießt aus Schutt und Staub
Die blaue Blume wundersam.

Noch einmal baut in diesem Herz
Die Lieb' ihr leichtgefügtes Haus,
Noch einmal spannt sie sonnenwärts
Die matten Flügel sehnend aus.

Noch einmal schlägt in's taube Ohr
Ihr süß bestrickendes Getön,
Fernhallend wie ein Engelschor:
„O Gott, das Leben ist doch schön!"

Noch einmal zuckt, ein greller Strahl,
Durch diese Brust der irre Schrei
Nach Lust und Glück — ein einzig Mal
Die Hoffnung noch und dann vorbei!

Letzter Gruß.

Nun darf ich dir's wohl sagen,
Und o! wie sag' ich's gern:
Du warst in dunklen Tagen,
Da mich, im Sturm verschlagen,
Ein schwaches Boot getragen,
Mein heller Trost und Stern —
Nun darf ich dir's wohl sagen
Als Gruß aus weiter Fern'.

Nun darf ich dir's wohl sagen,
Seit uns doch alles trennt:
Du warst in gold'nen Tagen,
Da mich der Sonnenwagen
Des Glück's so hoch getragen,
Mein Ziel und Firmament —
Nun darf ich dir's wohl sagen,
Da all mein Glück zu End'.

Nun darf ich dir's wohl sagen,
Dies letzte Scheidewort:
Ich hab' in allen Tagen
Bei jedes Pulses Schlagen
Im Herz dein Bild getragen
Als heil'gen Friedenshort —
Nun darf ich dir's wohl sagen:
Ich lieb' dich immerfort!

Büchlein der Liebe.

Kecke Liebe.

Willst du mich lieben,
Sollst du mir's sagen;
Nur nicht die Liebe
Den Wolken klagen!
Wolken vergehen
Vor jeglichem Hauch,
Zerfließen in Rauch
Und deine Klagen
Mit ihnen auch.

Willst du mich lieben,
Sollst du es wagen;
Nur in der Liebe
Kein Zaudern und Zagen!
Reck wie die Welle
Am Felsengestein
Müsse sie sein,
Wild wie der Sturmwind,
So nimmt sie mich ein.

Fraglose Liebe.

Was frag' ich, ob ich lieben darf,
Ich liebe, weil ich lieben muß;
Schafft Liebe Leiden, lang und scharf,
Schafft sie auch süßesten Genuß!

Was frag' ich, ob ich selbst geliebt,
Ich liebe gleichwohl tief und heiß,
Denn, ob sie andern Lohn nicht gibt,
Die Lieb' ist selbst der Liebe Preis!

Was frag' ich, ob du falsch, und fern
Dir dein ersehntes Traumglück winkt,
Schön sprüht und blitzt ja auch der Stern,
Der jähen Flugs zu Thale sinkt!

Was frag' ich, ob ich dir verhaßt,
Ich liebe drum nur glüh'nder noch;
Leicht macht die Liebe jede Last
Und sanft des schwersten Kummers Joch!

Was gilt mir Spott und Haß und Groll,
Was andrer Freuden Vollgenuß!
Was frag' ich, wen ich lieben soll,
Ich liebe, wo ich lieben muß!

Blinde Liebe.

1.

„Blind sei die Liebe", schnöb' Gericht,
Und Schmach auf Den, der's nicht verwarf!
Nur wer auch Sitte höhnt und Pflicht,
Als blind die Liebe höhnen darf.

Nur wer von wüster Sinnengluth
Verblendet, sie als Minne preist,
Doch anders, wem ein reiner Muth
Den ächten Quell der Liebe weist.

So tief und still ist dieser Quell,
D'raus jedes reichste Glück entsprießt,
Und Herz und Auge werden hell,
In wessen Brust er lauter fließt.

Und Aug' und Herz, wie Falken scharf,
Sie sehen liebend doppelt licht,
Drum, wer als blind sie schelten darf,
Der, glaub' es, kennt die Liebe nicht.

2.

Und so muß ich's doch bekennen,
Daß auch ächte Liebe blind,
Seit in Liebe wir entbrennen,
Du und ich, herzliebstes Kind.

Da um falsche Lieb' in Sorgen
In die Zukunft ich geblickt,
Zu durchdringen, was verborgen,
War mein Aug' und Geist geschickt.

Ach, geschickt auch, scharf zu scheiden
Zwischen Lieb' und zwischen Pflicht,
Klar zu seh'n, wie meine Leiden
Ein gerechtes Strafgericht.

Aber nun von mir genommen
Jene Lieb' und jenes Leid,
Wie so anders ist's gekommen,
Anders in so kurzer Zeit!

Seit nun dämmernder entschwindet
Täglich meine Pein und Schuld,
Bin ich, o wie gern! erblindet,
Zauberin, durch deine Huld.

Und nun kann und mag ich nimmer
In verhüllte Zukunft schau'n,
Blendend um mich welch Geflimmer,
Blind in mir schon welch Vertrau'n!

Und wie kann's bei solcher Wonne,
Bei so jäher, anders geh'n!
Ungeblendet in die Sonne
Hat kein sterblich Aug' geseh'n.

Und so muß ich's doch bekennen,
Daß auch ächte Liebe blind,
Seit in Liebe wir entbrennen,
Du und ich, herzliebstes Kind.

Blindekuh.

Zieht enger an die Binden
Und finster müss' es sein,
Die Rechte gibt dem Blinden
Der blinde Amor ein!

Doch wer noch blinzt und schielet,
In Zweifeln sich verwirrt,
Der Pfeil, zu klug gezielet,
In's leere Blau entschwirrt.

Daß ich die Rechte finde,
Befreit von Wahl und Qual,
Freund Amor, binde, binde
Mich selbst dies eine Mal!

Minnekrieg.

Frau Minne kommt die Blüthenbahn
Des Lenzes hergerauschet,
Heiho! Und hebt den Sturmlauf an,
Wo sie ein Herz erlauschet,
Das Winterfrost und Stubendampf
In träger Haft erstarrten,
Und leichter Sieg muß ihren Kampf
Allüberall erwarten.

Aus schönen Augen, wohlgedeckt
Sie Pfeil auf Pfeil versendet
Und dich im Nu darniederstreckt,
Gebunden und geblendet.
Mir graut nur, sie verschanze sich
In Augen, jüngst gesehen,
Dann, starres Herze, wappne dich;
Wie soll's dir Aermsten gehen!

Sprache der Liebe.
1. *)

Es will die Liebe reden; da lauscht das Herz ihr bang,
Ob sie auch künde jeden ihm tiefgeheimsten Drang,
Und fluthend trägt's und ebbend und wechselnd sonder Ruh'
Ihr all sein qualvoll Sehnen, sein seligstes Hoffen zu,
In Hymnen stolz und prächtig, rauschend auf Adlerschwingen,
In Schreien zornesmächtig und scharf wie Schwerterklingen;
Es lehrt sie leise wimmern wie Nachts im Wald der Wind,
Es lehrt sie schmollen und schmeicheln und kosen wie ein Kind,
Nun wie ein Sturzbach tosen in wilden Felsgesteinen,

---

*) Siehe G. v. Oertzen, Epigramme und Epiloge.

Und sanft nun wie im Maien ein Tröpfelregen weinen;
Es leiht ihr tausend Worte und Laute wundersam,
Die noch kein Witz ersonnen, die noch kein Ohr vernahm.
Doch wähnest du's zu Stille, zu Frieden erst gekommen,
So bricht's mit einem Male und wie zuvor beklommen,
Mit seinem Reichthum grollend, aus in das süße Klagen:
"Ach! alles bleibt mir, alles, ja mehr als je zu sagen!"

2.*)

Im Auge stand die Frag' ihr oft,
Die scheu verschwieg der Mund;
Doch, was sie bang und still gehofft,
Thut hell sein Blick ihr kund.
Und über's Kreuz nun fort und fort
Blitzt es mit sel'gem Schein,
Beredter als in Lied und Wort:
"Mein Herz ist ewig dein!"

Einst trafen sie sich am Wintertag,
Frisch blies und scharf die Luft;
Ein schwerer, weiter Mantel, lag
Der Schnee ob Feld und Schluft,
Und Aug' in Auge senkte sich:
"Merk' auf nun, Liebchen, fein!"
Und leise gräbt er Strich um Strich
Im Schnee die Worte ein:
"Mein Herz ist ewig dein!"

Der Abendwind fuhr über's Land,
Da schwand die flücht'ge Spur;
Doch bald verjüngt die Zauberhand
Des Lenzes die Natur.
Und wieder an dem trauten Ort

---

*) Nach dem Englischen.

Stellt unser Paar sich ein,
Da blüht eine weiße Primel dort,
Ein blau Vergißnichtmein,
Und in seiner Weis'
Spricht jedes leis:
„Mein Herz ist ewig dein!"

Wunder der Liebe.

Wie seltsam doch ist mir's ergangen:
Verdrossen zog ich durch die Welt,
Und strahlte sie mit reichstem Prangen,
In mir blieb's kalt und unerhellt;
Ja, sehen wollt' ich's ohne Bangen,
Wär' sie vor mir auf Ein's zerschellt,
Denn keine Lust und kein Verlangen
Hielt mich zurück auf dieser Welt.

Da führt mein Stern mich dir entgegen,
Und — wie's geschah, ich weiß es nicht —
Jäh wie ein Blitz, voll Glutbewegen,
Durchdringt, umfluthet mich das Licht,
Erstorb'ne Lebensgeister regen
Sich neu; dies starre Herz, es bricht
Und jubelt unter wilden Schlägen:
„Nun, schöne Welt, o stürze nicht!"

Doch, wie dein Arm mich erst gefangen,
In seliger Haft geborgen hält,
In deiner Locken braune Schlangen
Mein Haupt in süßem Taumel fällt:
Ich küsse stumm dir Stirn' und Wangen
Und rings versunken ist die Welt....
Ja, seltsam ist es mir ergangen:
Nur du noch, du bist meine Welt!

Die edle Beste.

Ich weiß eine edle Beste;
Obzwar versteckt und klein,
Ein Strom doch stäter Gäste
Wogt dort thoraus, thorein.

Und drin ein Völkchen wohnet
Von frohgemuthem Sinn;
Inmitten aber thronet
Hoch eine Königin.

Und jedem leisen Winke
Ihrer Augen sonnenklar
Das Völkchen lauscht als flinke,
Getreue Dienerschaar.

Doch wer sich frech vergangen,
Sich unhold ihr bewies,
Den wirft sie eng gefangen
In's dunkelste Verließ.

Rings aber auf Zinnen und Thürmen
Stehn Wächter dicht gereiht,
Und naht der Feind zu stürmen,
Verschmäh'n sie nicht den Streit.

Denn freudig wissen's alle
Und tragen trotz'gen Sinn,
Nie kommt die Burg zu Falle
Als mit der Königin.

Und mag die Hölle drohen
In Streit und Widerstreit,
Es sind die Siegesfrohen
Mit Zauberschutz gefeit.

Nur wenn zur schlimmen Stunde
Die Herrin sie verläßt,
Dann wankt im tiefsten Grunde
Die Burg, so felsenfest.

Dann bringet über die Zinnen
Der Feind im Sturmeslauf,
Und jählings springen drinnen
Weit die Verließe auf.

Und die gefangen lagen,
Die drängen nun mit Wuth
Zum Strauß sich, bis erschlagen
Die Wächter in ihrem Blut.

Wenn aber die gefallen,
Zuckt's auf mit blut'gem Schein
Und ob den Feinden allen
Bricht auch die Veste ein.

*   *   *

Sagt! Kennt ihr diese Veste? —
Es ist mein junges Herz;
Die Gefühle sind die Gäste:
Ernst, Wehmuth, Lust und Schmerz.

Die Königin auf dem Throne
Ist mein Vielliebchen fein;
Ihr müssen wohl zur Frohne
All' meine Lieder sein.

Nach ihrem Winke fliegen
Sie freudig hin und dar;
Doch die im Kerker liegen,
Das ist der Zweifel Schaar.

„Und auf der hohen Zinne,
Die Wächter stolzen Muths?"
Gedanken sind's der Minne,
Und brausenden Jugendbluts.

Mit ihnen feindlich ringen
Die Sorgen groß und klein,
Doch in die Veste dringen
Sie siegend nimmer ein;

Es sei denn, daß Sie schiebe,
Die schirmend drin gebot,
Dann mäht die kampfesmüde,
Verrath'ne Schaar der Tod.

Dann öffnet sich die Pforte
In jedem Kerker weit,
Und der Verzweiflung Horde
Stürmt an zum letzten Streit.

Allein den Siegern allen
Frommt lang Frohlocken nicht;
Jach unter blut'gem Wallen
Zuckt dieses Herz und bricht.

Grablieder.

Motto: Ein karger Strauß. An Grabesrand
Mit zitternder Hand
Gebrochen und geboten
Der Todten.

1.

Der Herbstwind saust und stöhnet,
Die Wolken hangen schwer,
Ein banges Glöcklein tönet
Zu deinem Grabe her;
Des Klangs bin ich gewöhnet,
Des Ortes, ach! noch mehr . . .
Zu deinem Grabe her
Ein banges Glöcklein tönet;
Die Wolken hangen schwer
Der Herbstwind saust und stöhnet.

2.

Wenn ihr, Blumen, seid die blauen
Augen meiner lieben Todten,
Die sie sendet auszuschauen,
Da ihr selbst zu schau'n verboten, —

O so sagt, ihr saht mich stehen
Immer noch in trübem Sinnen
Und in Thränen schier zergehen,
Die nur mälig leiser rinnen.

3.

Ein Wort auf deinen Leichenstein
Zu setzen ward vergessen,
Daraus man möchte meine Pein
Und meine Treu bemessen;

Und weil ich's nicht erdulden mag,
Der Treue Lob zu missen,
So thu' ich's deinem Grab am Tag
Und Nachts dem Lied zu wissen.

4.

Schlafe, o schlafe, mein Kind!
Ob deinem Bette singet der Wind
Schmeichelnde Schlummerlieder.
Duftend die Rauten und Rosen wehn
Und die ewigen Sterne sehn
Still leuchtend vom Himmel nieder.

Schlafe, o schlafe, mein Kind!
Leise Stunde auf Stunde zerrinnt,
Leis ziehen die Wolkenkähne;
Lange wohl währet die bange Nacht,
Aber die Liebe am Grab bir wacht,
Weil weinend darüber ich lehne.

Zweiter Theil.

Ueberſetzungen, Ritornelle, In Spruchform, Ghaſelen, Sonette.

Aus amerikanischer Lyrik.

1.

Wiegenlied.

Schlaftrunken flüstern die Blumen,
Die Vöglein fliegen zu Nest,
Dieweil der Tag verstohlen
Verbleicht im glühenden West.

Und horch! es singt das Heimchen
Sein Lied zum blauen Zelt,
Und alle Sterne warten,
Bis zu dein Aeuglein fällt.

Sie wünschen dir süße Ruhe,
Sie wünschen dir all': Gut' Nacht!
Sie heißen die Sonne dich wecken,
Wenn golden sie wieder erwacht.

Und während du schlummerst, küssen
Die Rosen dein hold Gesicht,
Und Morgens blühen die Wangen
Dir selber wie Röslein licht.

B. Clifford.

2.
Todt.

Ein gramvoll Weib rief mich herein:
„Komm', laß bein Kind bir zeigen!" —
Zu Abend lag ein Engel dort
Mit Lächeln — ach! und Schweigen.

Sein denk' ich in der Stadt Gewühl,
Beim Schein der einsamen Kerzen —
Das Veilchenaug', die wächserne Hand
Und die weiße Rose am Herzen.
Th. B. Albrich.

3.
Des Dichters Erwachen.

Lang war auch er nur, was wir alle sind,
    Ein staubgeformtes Erbenkind.
Doch einst, da kreuzt' ein Engel seinen Weg,
Der wandelte zu Gold den Staub geschwind.

Schweigsam saß er. Da kömmt der Engel wieder
    Und bückt sich im Vorbeigehn nieder
Und drückt auf seine Lippen einen Kuß,
Und seither singen diese süße Lieder.
G. Arnold.

4.
Spuk.

Eine garstige, modernde Rebe kriecht
    Zur morschen Traufe am Dache;
In rostiger Angel knarrt das Thor,
    Dumpf raschelt das Laub in der Lache.

Dicht bei dem zerfallenen Bretterhaag
Die rothe Straße sich findet
Zum verwunschenen Wald, wo der Ahorn ächzt
Und die Weide sich schluchzend windet.

Durch dumpfig wuchernde Blumen glühn
Giftfliegen mit irrem Feuer,
Und ein Weib in Todtengewändern schleicht
Um den unbeweglichen Weiher.

Eine blaue Narbe am weißen Hals,
So stöhnt sie immer und immer,
Die Schillerechsen weinen im Gras
Und Flechten am Steingetrümmer.

In die Wolken zurück fährt jach der Mond
Und den Wandrer schüttelt das Grausen:
Eine Eule nistet am Waldessaum
Und kreischt: „Hu, hu, da draußen!"

Geh' dort nicht hin zu nächtlicher Weil',
Denn böse Gespenster lauern
Im gebannten Ulm, am schaurigen Pfad
Und den bröckelnden Gartenmauern.

O geh' nicht hin zu nächtlicher Stund',
Ein Fluch hängt über dem Orte:
Weh, wenn du von Aug' zu Aug' sie säh'st,
Die dort verfallen dem Morde!

Th. B. Aldrich.

5.
Medusa.

Sag' nicht, daß ich mit falscher Huld
In's Elend lächelnd dich getrieben:
Bin ich an meiner Schönheit Schuld,
Du, daß sie fesselfrei geblieben?

Wußt' ich, daß ihren Anblick du
Mit deinem Leben werdest büßen?
Das Buch der Freundschaft schlag' ich zu,
Sieh her, und tret' es mit den Füßen.

Steh' auf und schweig', so hart es scheint:
Medusen sollst du nicht versuchen,
Und wenn mein Auge dich versteint,
Nicht mir, dem Schicksal magst du fluchen.

J. B. Dorgan.

6.

Rauchlied.

Laßt Andre nur singen
  Zum Klappern und Klingen
Der kreisenden Becher in lärmenden Reih'n
  Und loben die Reben,
  Die röthlichen Wein
Zum Weh und zum Fluche so Vieler uns geben.

Laßt Andre doch preisen
  In tändelnden Weisen
Die Kunst, sich zu drehen in wirbelndem Rund:
  Krafttödtendes Scherzen,
  Das müde und wund
Am Ende nur findet gebrochene Herzen.

Ich schlage die Saiten
  Für jüngerer Zeiten
Vermächtniß und Erbtheil vernünftigen Sinns,
  Deß stille Genüsse
  Mit bleibendem Zins
Nicht fürchten der Reue tiefnagende Bisse.

Ich singe den Frieden,
Dem Manne beschieden,
Der weislich benützet das würzige Kraut,
Deß tanzende Ringe,
Wie Englein so traut,
Forttragen die Träume auf himmlischer Schwinge:

Mit dampfenden Röhren
Die Zeit zu bethören,
In Tag zu verwandeln die einsame Nacht,
Den Schmerz zu vertreiben,
Den jener gebracht,
Und ledig dumpflastender Sorgen zu bleiben. —

Auf! rühmet denn Alle
Mit fröhlichem Schalle
Das beste Geschenk, das die Götter beschert,
Und sendet die Düfte,
So lang es noch währt,
Dies verrauchende Leben in lächelnde Lüfte.

H. S. Babcock.

8.
Ich bin nicht alt.

Ich bin nicht alt, ob Jahre schon
Den Pfad mir grau umzogen,
Nicht alt, ob allzurasch davon
Die Jugend gleich entflogen.
Ein frischer Born im Herz mir quillt,
Drän ruht manch heiter trautes Bild,
Und manch ein Hochgefühl noch wacht
Wie Sterne in der stillen Nacht.

Ich bin nicht alt, wenn schon die Zeit
Mit tiefgesenktem Flügel
Auf meine Stirn in Furchen weit
Gedrückt ihr Sorgensiegel.
Noch windet innige Liebe mir
Manch Kränzlein grüner Knospenzier,
Und wie im Traume pflück' ich doch
Die Blüthen der Erinnerung noch.

P. Benjamin.

8.
Asgard.

Es steht am Thor, durch das ich geh',
Ein Riese vielgewandt,
Ein Büschel Schwerter wirft er hoch
Und fängt sie mit der Hand.

Er fängt sie auf und schleudert sie
Zum Himmel rasch zurück,
Fällt ein's zur Erde, sterb' ich auch
Im gleichen Augenblick.

Cyrus Elder.

9.
Harun-al-Raschid.

Harun-al-Raschid las dereinst ein Buch,
Darinnen fand er diesen Dichterspruch:

„Wo sind die Könige, wo die Helden all,
„Die einst regiert den weiten Erdenball?

„Sie gingen hin sammt ihrer Herrlichkeit
„Den stillen Weg, der auch für dich bereit.

„O du, deß eitel Trachten nur gestellt
„Auf Glück und Glanz und Wollust dieser Welt,

„Nähm'st du gleich Alles, was sie dir entbot,
„Am Ende steht und wartet dein — der Tod!"

Gesenkten Haupt's Harun-al-Raschid saß
Und Thränen fielen auf's Buch, darin er las.
Longfellow.

10.
Reisen beim Kamin.

Der Regen fällt in Einem fort,
Als wollt' er nimmer enden,
Drei Tag' lang schaut das Fähnchen dort
Starr nach den Wolkenwänden.

Das treibt mich zu mir selbst hinein,
Zum warm erhellten Raume,
Zum alten, trauten Bücherschrein
Und manchem holdern Traume.

Ich lese, was von Ländern weit
Die Dichter alle sangen,
Und lächelnd kommt die Jugendzeit
Zu mir zurückgegangen.

Mir ist, als dürft' ich dem Gedröhn
Des Gießbachs wieder lauschen,
Den Maulthierglocken auf span'schen Höh'n,
Des Sunds uraltem Rauschen.

Ich seh' durch dunklen Pinienwald
Die Klostermauern blinken,
Und Münsterthürme, hoch und alt,
Und Burgen am Rheine winken.

An Park und Zinnen rasch davon
Zum ew'gen Forst ich kehre;
Die Felder glüh'n von rothem Mohn
Und fernher blau'n die Meere.

Mich grämt nicht Staub noch Sonnengluth;
Auf fremden Füßen eile
Ich unermüdet, frohgemuth
Von Meile fort zu Meile.

Zieh' du nur über See und Land,
Ein Sklave jedem Wetter,
Ich dreh' die Welt in meiner Hand,
Umwendend diese Blätter.

Sie müssen mir Natur und Brauch
Der fernsten Zonen zeichnen,
Und heller mit des Dichters Aug'
Seh' ich, als mit den eignen.

Longfellow.

11.

Der Apfelbaum.

Kommt, laßt uns pflanzen den Apfelbaum!
Den zähen Rasen schält beiseit,
Macht ihm sein hohles Bette weit.
Sanft laßt darin die Wurzeln ruh'n,
Sacht streut darauf die Erde nun
Und drückt sie leicht wie Federflaum,
Womit im Schlafe wir dem Kind
Die Füßchen decken warm und lind.
So pflanzen wir den Apfelbaum.

Was pflanzen wir in dem Apfelbaum?
Die Knospen, die der Sommertag
Zu vollem Laub entfalten mag;
Die Zweige, drin die Rothbrust traut
Ihr Liedchen singt, ihr Nestchen baut.
Wir pflanzen am sonnigen Wiesensaum
Ein schattig Zelt vor Mittagsgluth,
Ein Obdach vor des Wetters Wuth,
Weil wir pflanzen den Apfelbaum.

Was pflanzen wir mit dem Apfelbaum?
Für hundert Lenze süßen Duft,
Zu weh'n in geschäftiger Maienluft,
Wenn würzig aus den Gärten für
Sie einströmt durch die off'ne Thür;
Der Biene reichsten Tummelraum,
Dem kranken Mägdlein Augenlust,
Den Jungen Reiser voller Blust:
Das pflanzen wir mit dem Apfelbaum.

Was pflanzen wir mit dem Apfelbaum?
Die Frucht, die still im Juni reift,
Rothgoldig im August sich streift
Und niederfällt, wenn Lüfte lau
Durchfächeln das Septemberblau.
Dann hält den Jubel kaum im Zaum
Das Kind, das suchend sie erspäht,
Wo duftig Gras am Weg verräth
Ihr Bette unter dem Apfelbaum.

Und wenn erst über dem Apfelbaum
Erglänzt der Wintersterne Pracht
Und Stürme heulen durch die Nacht,
Das Obst dann schälen im Schein des Herbs

Schalkäugige Dirnen zu Lieb und Scherz,
Und Gästen im prunkenden Tafelraum
Lacht, unter Orangen goldgereift
Und Cintratrauben hochgehäuft,
Die Frucht, gewachsen am Apfelbaum.

Die Ernte von unserm Apfelbaum
Trägt in des Sternenbanners Hut
Zu fernem Strand die günst'ge Fluth.
Und wer sie sieht, voll Staunen frägt,
Welch' Hain so holden Reichthum hegt.
Doch weit, weit über der Meere Schaum
Manch' Bruderherz der Stunden sinnt,
Die sorglos spielend er als Kind
Verbracht beim schattigen Apfelbaum.

Und jeglicher Lenz dem Apfelbaum
Stets mehr der rosigen Blüthen bringt
Und dichter sein dunkles Laubwerk schlingt,
Das dann, wenn kalt der Nebel weht,
In luft'gem Wirbel niedergeht.
Die Jahre kommen und flieh'n im Traum;
Wir aber im Grab hören länger nicht,
Was der Sommer singt und seufzend spricht
Der Herbst mit den Aesten im Apfelbaum.

Und die Zeit vernichtet den Apfelbaum. —
Ach! Wenn durch dürrer Zweige Dach
Die Schatten fallen karg und schwach,
Wird Trug und Gewalt mit eh'rnem Joch
Hilflose stets bedrängen noch?
Wo findet das Erbarmen Raum
Dann unter Thränen, Noth und Qual
Der Armen, wenn der Jahre Zahl
Zerstörte den kleinen Apfelbaum.

„Wer pflanzte diesen Apfelbaum?"
An solchem fernentleg'nen Tag
Das Kind den Greis wohl fragen mag,
Und, schauend den moos'gen Stamm hinan,
Erwiedert ihm der graue Mann:
„Ein Dichter war's — man kennt ihn kaum —
In der guten alten Zeit daheim;
Er sang manch' wunderlichen Reim,
Als er pflanzte den Apfelbaum."

W. C. Bryant.

12.
Lied.

Thöricht nach der besten Zeit
Hör' ich, Freund, dich fragen,
Da ein Herz, darum man freit,
Zärtlichst müsse schlagen.
Ach! Zu oft nur schenkt es hin
Sich dem kühnsten Freier,
Weich ist stets der Frauen Sinn,
Wär' der Mann nur treuer!

Freie, wenn aus Haag und Hain
Erste Vögel grüßen,
Ueber all' den Wiesenrain
Duftige Kräuter sprießen;
Wenn am Bach die Ufer sich
Bunt mit Blumen krönen,
Dann, im Maien, nahe dich
Werbend beiner Schönen.

Freie, wenn der Sommertag
Rosig will versinken
Und ob Brünnlein, tief im Schlag,
Still die Sterne blinken.

Wenn durch grüne Gitter sacht
Silbern Mondlicht gleitet
Und die holde Wundernacht
Sanft die Herzen weitet.

Freie, wenn die Hügel all
Herbstlich sich verfärben,
Und das Laub in müdem Fall
Geht im Teich zu sterben;
Denn der Frauen klug Gemüth
Mahnt der Jahre Schwinden,
Rasch, bevor ihr Reiz verblüht,
Fest ihr Glück zu gründen.

Freie, wenn die Stürme ziehn
Nächtlich durch die Rüstern
Und die Feuer im Kamin
Lustig flackernd knistern.
Wenn der Frost sein Scepter schwingt
In der öden Runde,
Süßer dann als je erklingt
Froher Minne Kunde.
W. C. Bryant.

13.
Der Dorn.

„Eine Rose ohne Dornen!
Sieh doch!" rufst du: „Welche Lust!"
Und die Rose meines Feindes
Drückst du jubelnd an die Brust.

Linkisch nick' ich, tief mich neigend,
Zu verleugnen meinen Schmerz,
Doch die zuckende Lippe flüstert:
„Ach, der Dorn steckt mir im Herz!"
William D. Howells.

14.
Regen zur See.

Eine wandernde Wolke, der zu schwer
Die Schwinge ward, sinkt müd in's Meer —
Und Meer ist alles rings umher.

Eine Woge, die zum Himmel spritzt,
Darauf ein Regenbogen sitzt —
Und alle See in Farben blitzt.

Richard E. Day.

15.
I am but as a broken reed.

Ich bin wie ein zerbrochen Rohr
In rauschender Wogen Gleiten;
Die Wellen schwellen und zergeh'n —
Heut' wie zu allen Zeiten.

Schon spiegelt sich das letzte Roth
Im hellen Wellengleiten;
Die Sonne steigt, die Sonne sinkt, —
Heut' wie zu allen Zeiten.

In Fesseln schlägt ein eisiger Wind
Der schnellen Wellen Gleiten;
Der Sommer flieht, der Winter kommt —
Heut' wie zu allen Zeiten.

Durch Sonn= und Mondschein, Herbst und Lenz,
Im rauschenden Wellengleiten
Bin ich nur ein zerbrochen Rohr
Heut' wie zu allen Zeiten.

Stuart Sterne.

16.
Mai.

Mein Herz ist hell vom Mai, vom Mai,
Mein Herz vom Mai so leicht,
Die Luft ist lind und hoch im Blau
Der Zug der Vögel streicht.

Noch ist das holde Wunder nicht
Von Blust und Frucht gescheh'n,
Doch ward im reifen Sommer nie
Ein schön'rer Tag geseh'n.

Verheißung webet allerwärts
Und Hoffen in jedem Hauch,
Die Arme recken athemlos
Erwartend Baum und Strauch.

Ein Tag noch und die Blüthen glüh'n,
Hell schallt der Vögel Sang,
Durch's tiefe Schweigen hör' ich schon
Den rauschenden Frühlingsdrang.

Mein Herz ist hell vom Mai, vom Mai,
Mein Herz vom Mai so leicht
Und leichter nur, weil lautlos noch
Der Zug der Vögel streicht.

Mary Dodge.

17.
Mutterleid.

Mein Trost, mein Kleinod du, mein Sohn, ich kann dich
    lassen nicht!
O, nehmt es weg, dies grimme Schwert, das mir die
    Brust durchsticht,
Zerhaut nicht auch das letzte Band, das mich am Leben hält;
Denn er allein erträglich macht und werth mir noch die Welt!

O schweigt davon, daß tausende schon, wie er so hold und gut,
Für's Vaterland mit freud'gem Muth geopfert Gut und Blut.
Hell wecket auch in diesem Herz sein Ruf den Wiederhall,
Doch wild empört sich's und verzagt, zu werfen hin sein All.

O, sagt auch nicht: „das Weib ist schwach, doch stärker
    sollte sein
Das Mutterherz in ihrer Brust und Opfermuth ihr leih'n,
Sich tröstend froher Zuversicht auf ehrenreichen Sieg,
Der heil den Sohn ihr wiederbringt aus unserm heil'gen
    Krieg!"

Denn ob ich gleich gerungen heiß und brünstig im Gebet
Um meiner Schwäche Kräftigung vertrauensvoll gefleht,
Es war umsonst; und die so manch' verjährtes Siech=
    thum heilt,
Mir hat Geduld noch Heilung nicht, noch Lind'rung nicht
    ertheilt!

Ein Krebs frißt mir am Lebensmark, und eine Bleilast drückt
Sich tief und tiefer in dies Herz, das sie schon längst geknickt,
Ein Herz, dem nur der dumpfe Schmerz des stumpfen
    Beters kund,
Den sein zerberstend Götzenbild geschmettert auf den Grund.

Mein Gatte fuhr — manch' Jahr ist's her! — hinaus
    auf's hohe Meer;
— Die Knaben, beide noch so klein, so jung noch ich
    und er. —
Doch wenn er mir die Wunder oft entleg'ner Länder pries,
Wo See'n wogen saphirblau wohl über gold'nen Kies....

Da baut' ich Schlösser in die Luft, so hoch und sonnenklar,
Und zum Palaste ward dies Haus, drin er der König war;
Und nimmer ward ich müd des Traums und malte mir
    so schön
Ein Leben aus am lichten Meer, am Fuße rosiger Höh'n.

Den Wimpeln schaut' ich weinend nach, die grüne Bucht
  entlang,
Dieweil ein letzt' Gebet für ihn von zuckender Lippe klang.
Hinweg! — Und heimwärts wandt' ich mich, zu harren
  still gefaßt,
Bis einst sein Fahrzeug wiederkehrt mit all der theuern Last.

Zur See hinaus mein Fenster sah; die Rosen blühten d'rum,
Und Honigblumen rankten sich am Haagthor um und um;
Vom Dach herab ihr buntes Horn die schwanke Winde blies,
Zu wecken auf im Morgenthau mein kleines Paradies.

Die Blumen welkten; nur das Meer, das rauschte jederzeit,
Als ob es nimmer Ruhe fänd' in alle Ewigkeit.
Und dumpf und dumpfer ward sein Lied mit jedes Tages
  Flucht,
Dieweil ich hielt die bange Wacht entlang die grüne Bucht.

Ein Schatten kroch hinan den Herd, ein Schatten mir
  in's Haus,
Der Schatten füllt es ganz und gar und wich nie mehr hinaus.
Manch' Schiff wohl legte brunten an, ich spähte fort und fort,
Das Schiff, d'ran meine Seele hing, fand nimmer sich
  zum Port! —

Mein Erstgebor'ner wuchs heran, von Kopf zu Fuß ein
  Mann,
Doch wie dem Vater that auch ihm das weite Meer es an.
Ich wehrte seines Herzens Drang und seinen Träumen nicht,
Wie jenem einst auch seinen Pfad ausmalend reich und licht.

Er ging, als duftend wieder all die Blumen wogten im
  Wind,
Und einen gold'nen Bogen spann die Zukunft meinem Kind.
Mit Hoffnung deckt' ich zu die Furcht und wies zur Ruh'
  mein Herz,
Und lächelnd unter Thränen barg beim Abschied sich mein
  Schmerz!

Er kam zurück — doch anders gar, als sehnend ich's gedacht!
So muß, o Gott! das Leid wohl sein, das Himmels=
 bürger macht.
Wohl floß um seine Lippen noch ein Glanz von Engelsglück,
Doch gab die eisigkalte nicht der Mutter Kuß zurück! —

Lang währt' es, bis die Fäden ich des Lebens wieder fand,
Vor Jammer närrisch, irrte mein Herz umher im Todtenland
Und wär' gebrochen, wenn nicht du, mein Kleinod, mir
 verbliebst,
Um beinetwillen trag' ich nur das Leben, das du liebst.

Du weißt, was mir der Jahre Lauf gebracht an Qual
 und Pein;
Ihr, ihr Gedächtniß ruf' ich an, sollt' es vergebens sein?!
Und ob die Welt mit Tadel gleich, mit Hohn gleich von
 mir spricht,
Ich kann dich lassen nicht, mein Sohn, ich kann dich
 lassen nicht!

Josephine Pollard.

War against Babylon.

Krieg wider Babylon! jauchzet es helle,
Hoch eure Banner, im Sturme geschwellt!
Auf nun, ihr Völker, ihr Fürsten zur Stelle,
Krieg wider Babylon! ruft durch die Welt!

Weh' dir, die du wohnst an den großen Wassern,
Schon erbleicht deiner Sonnen prunkender Schein
Und über dich brauset von all deinen Hassern
Der Fluch, eine Windsbraut, vernichtend herein!
„Krieg, Krieg, Krieg wider Babylon!"

Schärfet die Pfeile und glättet die Schilde,
Entfaltet die Fahne des Ewigen frei;
Schwärmet verheerend durch ihre Gefilde,
„Zion" sei Losung und „Rache" der Schrei.
Nun wehe dir, Stolze! Schwarz kommt sie gezogen,
Die wetterschwang're Vergeltungsnacht,
Wo der Verzweiflung strudelnde Wogen
Reißen zu Grab deine sündige Pracht:
„Krieg, Krieg, Krieg wider Babylon!"

Thomas Moore.

Those evening bells.

O Abendläuten, Abendläuten,
Erinnerungsklang aus gold'nen Zeiten,
Da unser junges Herz zuletzt
Daheim sich still an dir ergötzt!

Entschwunden sind die Stunden nun,
Und in den dunkeln Gräbern ruh'n
Gar Manche, die mit uns sich freuten
An dir, du liebes Abendläuten.

Und so auch, wenn wir selbst davon,
Fortklingen wird dein trauter Ton,
Doch Andre, die den Pfad hier schreiten,
Besingen dich, lieb Abendläuten!

Thom. Moore.

How dear to me the hour.

O traute Stunde, wenn die Abendgluthen
Hinsterben sanft auf stillen Meeresfluthen;
Da werden alte Träume wieder jung
Und ihren Vespergruß haucht die Erinnerung.

Und wie, nachfolgend jenen golb'nen Streifen,
Die Blicke westwärts über die Wasser schweifen,
Zieht es in frommer Sehnsucht auch den Sinn
Nach einem fernen Friedenseiland hin.
Thom. Moore.

Ritornelle.

Wolfgang von Göthe,
Als Sonne strahltest du am Tag der Welt
Und schiedest glorreich wie die Abendröthe.

Friedrich von Schiller,
Ein Titan stürmtest du in's Reich der Kunst,
Doch ächte Kunst macht Jeden heilig stiller.

Ludwig Uhland,
Romantischer Meister Jünger nennt man dich,
Und ihrer Keiner doch löst dir das Schuhband.

August von Platen,
Nun endlich nah'n die Schnitter deinen Saaten,
Und steh'n erstaunt, wie üppig sie gerathen.

Heinrich Heine,
Wer ist, der Größe dir mit Fug verneine?
Das Größte doch des Großen fehlt: Die Reine.

In Spruchform.

Variationen.

1.

Leis zieht im West der Stern empor;
Laß ab vom Groll, verzagter Thor:
Hart an der Freude Grabesschwelle
Springt still und tief die Friedensquelle.

2.

Weit kreist der Stern, wir achten's kaum;
O Zweifler, gib der Hoffnung Raum:
In dunkler Nacht auch, ganz im Stillen,
Läßt sich manch hohes Werk erfüllen.

3.

Auf blitzt der Stern und fährt zuthal;
Auch du, mein Herz, hast keine Wahl:
Laß nicht dein Glück zu jählings blinken,
Sonst muß es gleich in Nacht versinken.

4.

Der Stern erblaßt, es naht der Tag;
O selig, wer's begreifen mag:
Ob jedem Nachttraum, der zergangen,
Glänzt schon der Wahrheit Morgenprangen.

Basler Wahrspruch.

Gleichwie durch unsre Stadt so klar
Des Rheines Wellen reisen,
Soll tief und klar sich immerdar
Auch unsre Lieb' erweisen.

Leicht wie sein Lauf landaus, landein,
Und doch voll mächt'gem Streben,
So leicht und friedsam soll auch sein,
So thätig unser Leben.

Hoch wie das Münster, ernst und schlicht,
Beherrscht die weite Runde,
So throne hoch die ernste Pflicht
In schlichtem Herzensgrunde.

Und „Basel" heißt ja Königin,
So geb' sie ihren Söhnen
Denn auch den ächten Königssinn
Im Wahren, Guten, Schönen.

Lebensregel.

Nur nicht sich auf Worte steifen!
Willst das Leben du begreifen,
Mußt du hin und wieder streifen,
Irrend aus dir selber reifen,
Was noch eckig, mälig schleifen.
Laß dann nur die Mucker keifen,
Kannst ja hin zu Günst'gern schweifen
Oder zischen auch und pfeifen.

Conservativ.

Den Weisen das Geklügel,
Den Narren laß den Schein,
Dem Starken Macht und Zügel,
Dem Feigen Angst und Pein,
Dem Flegel laß den Prügel,
Dem Dichter Lieb' und Wein,
Den Geistern freie Flügel —
Und halte fest, was dein!

Fatalismus.

Fatalismus sollst nicht schelten:
Schurken zwar nicht allzu selten
Lassen ihn am Galgen gelten,
Doch zumeist erzieht er Helden.

Liebe.

Der Eine faßt sie ätherisch=zart,
Der Andre nach grob=sinnlicher Art;
Die Wahrheit, wie üb'rall, liegt mitten drin:
Meist ist sie verfeinerter Eigensinn.

Egoismus.

Wer sich selbst erkennt, bekennt:
Selbstsucht ist ein Element,
Das in jedem Busen brennt,
Wer dies „unmoralisch" nennt,
Selbst sich nie von Selbstsucht trennt.

Form.

Schon in dir muß sie liegen,
Und läßt sich nicht erkriegen,
Doch schön sie zu besiegen,
Gilt's, ihr sich anzuschmiegen,
Sie schmeichelnd zu betriegen,
Nun hoch mit ihr zu fliegen,
Und schwebend jetzt zu wiegen —
Zu brechen nicht, zu biegen.

Apologie.

Was ist der Spruch?
Ein weit Stück Tuch,
Zuschneiden magst du's nach Belieben,
Und, was abfällt, bei Seite schieben.

Amerikanische Xenien.

(Aus dem Album eines Malcontenten.)

Meisterschaft.

Mit Gesittung und mit Kunst
Haben sie zwar keine Eile,
Meister aber im Geschäft
Sind sie und — in Langeweile.

Frühreife.

A. Sieh, wie rasch den Kinderschuh'n
    Wir entwachsen waren! —
B. So viel länger steht ihr nun
    In den Flegeljahren.

Frauen.

Glühend Blut und sprüh'nder Geist,
Blüh'nde Schönheit sonder Fehle
Und daneben auch zumeist
Nicht die Spur von Seele.

Unterschied.

Ein Hofnarr ist für Könige, traun!
Der freie Humor des Deutschen,
Der Eure nur ein Circusclown,
Gehetzt mit Hunden und Peitschen.

Ebenso.

O gewiß, sie haben Witz,
Wie ein Pfeil so schnell und spitz;
Spaß nur können sie nicht machen
Und auch nicht von Herzen lachen.

Amerikanischer Horaz.

O cives, cives.

Yankee, lieber Yankee mein,
Schaff' dir Geld vor allen Dingen,
Zeit hat's mit der Ehrlichkeit,
Bis im Sack die Dollars springen.

Compensation.

Auf die Spitze haben wir
Luxus und Comfort getrieben,
Leider freilich sind dafür
Alle Grazien ausgeblieben.

National disease.

Von Arzt zu Arzt der Yankee rennt,
Doch keiner seine Krankheit kennt;
Die Gescheidtesten achselzuckend sagen,
Sie stamme vielleicht vom schlechten Magen
Und dem landesüblichen Dollarjagen.
Ich aber seh's am Gesicht ihm an:
Es ist der bedenklichste — Größenwahn.

Einschränkung.

Stolz ist dies Land und prächtig,
Steinreich und bald allmächtig;
Doch Jedes wohl erwogen,
Wird drüber niederträchtig
In aller Welt gelogen.

Lob des Leman.

Breit, wie's Franzosen gefällt, in hochpathetischem Stile
Sang deinen Ruhm Ferney's weltgepriesener Gast;
Matthisson auch, der Germane, Britanniens düsterer Byron
Hatten ihr Lied für dich, thauige Perle der Schweiz.
Und so sang es und klang es so lang von Kleinern und
                                              Kleinsten,
Bis der gemarterte Stoff völlig an Reizen erschöpft;
Aber noch heute belauscht vergnügt am Jurten der Winzer
Manch' ein staunendes „Oh!" bradshawbeflissener Lords.

Genf.

Finster drohen die Thürme der Kathedrale St. Peters
Der leichtlebigen Stadt, finster wie einst Calvin.
Aber die Mauern, woran vergeblich lagen Savoyens
Leitern, nieder zumal hat sie die Freiheit gelegt
Und durch's freundliche Grün, das aus dem Schutte gesprossen,
Grüßt des Wissens Asyl, lachen die Tempel der Kunst.

Ghaselen.

Motto: Suchend irre du immer, zu suchen nur
schwanke nicht,
Fesseln kenne der freie, gekrönte Gedanke
nicht,
Kraftvoll binde mit Anmuth das Allengefällige Wort,
Dich nur binde des Kleinmuths gefährliche Schranke nicht!

1.

Der Stütze los gedeiht die Rebe nicht,
Sie selber hält sich in der Schwebe nicht;
Der blaue Aether ruht auf dem Gebirg,
Frei hängt das feinste Spinngewebe nicht;
Im Schooß der Erde fußt die Palme tief,
Drum stürzt sie auch, so hoch sie strebe, nicht,
Trüg' Atlas auf der Schulter nicht die Welt,
Wer lehrte diese, daß sie bebe nicht? —
So stütze, Freund, denn dieses schwanke Herz,
Daß allen Halt's es sich begebe nicht,
Und leise lenk' und weise seinen Trieb,
Damit sich's eitel überhebe nicht.

2.

Vom Aether fährt ein Lied, vom blauen, her,
Ein Liebespfeil von Seidenbrauen her;
Und während blitzend durch den jungen Haag
Der Goldschmuck funkelt schöner Frauen her,
Den Odem hauchen eines Rosenmunds
Die Maienlüfte mir, die lauen, her;
Und in dem Odem wogt's von würz'gem Duft,
Der flog aus blüthenweißen Auen her.
Doch, wie sich alles erst vereint, da fällt's
Grimmer auf mich als Löwenklauen her.
Halt' ein, o holde Zauberin, halt' ein,
Wo nähm' ich Aermster das Vertrauen her,
Es falle noch ein gold'ner Sonnenstrahl
Auf meine Pfade, meine grauen, her?

3.

„Zu spät!" O dreimal Fluch dem Wort!
Im Ohre dröhnt dir's immerfort,
Es trübt dein Aug' und frißt am Herz,
Treibt rastlos dich von Ort zu Ort. —
Geöffnet winkt das gold'ne Thor
Des Venusbergs verstohlen dort,
Ein Schritt noch — und mit Donnern schlägt
Es zu vor seiner Wunder Hort;
Die blaue Blume lockt von fern,
Du eilst herbei — sie ist verdorrt;
Auf ödem Meere treibt dein Kahn
Und grau verschwimmt der Rettungsport.

4.

„Dulde!" sprach des Herzens Stimme,
„Scheide!" rief der Stolz, der schlimme:
„Für die Härte laß sie büßen!"
Weh', daß ich's gethan im Grimme.
Nun verzehrend loht die Flamme,
Welche, wähnt' ich, schnell verglimme,
Und so ferne liegt das Ziel noch,
Das zur Rettung ich erklimme;
Quälend hemmt die Schuld mich, deren
Volles Maß ich selbst bestimme:
„Mit gebund'nen Händen warf ich
Dich in's Meer und höhnte: Schwimme!"

5.

Die Palmen recken ihre Kronen hoch,
D'ran ranken sich die Feuerbohnen hoch;
Der Vögel König ist der stolze Aar,
Die Königsadler aber thronen hoch,
Und wie das stolze Herz in unserm Schah
Ihn hebet über alle Frohnen hoch,
So über'm All wölbt sich der Himmel Dach,
Darin die sel'gen Engel wohnen, hoch.
Stolz sei dein Lied denn auch und hoch dein Sinn,
Soll Liebe dir und Ruhm einst lohnen hoch.

6.

Eine wunderholde Stunde hat das Schicksal uns beschert,
Und vor tausenden bleibt die eine uns zweibeiden ewig
werth.
Um die eine auch vergessen mögen abertausend sein,
Die uns schnöde vorenthalten, was der reinste Wunsch be=
gehrt.

Ja versöhnt mit all' dem Elend, das dies Leben inbegreift,
Das vom ersten Schrei des Kindes bis zum letzten Seufzer
währt,
Sei um dieser Stunde willen mein gehäufter Schmerz und
Groll,
Denn des Lebens vollen, süßen Reichthum ward ich auch
gelehrt,
Da aus ödem Grau'n und Dunkel dein verschüchtert Auge sich
Einmal froh zum frohen Lichte mit erstauntem Blick gekehrt,
Und mein lechzender Mund den Becher, den der Minne
Hand gefüllt,
Einmal — ach! nur allzuraschen Zugs — bis auf den
Grund geleert!

7.

Endlich kehrt der Langverbannte,
Den ich oft in Sehnsucht nannte,
Endlich kehrt der Lenz; vor ihm
Herziehn seine Abgesandte.
Eben erst kam einer her,
Den ich schon seit Jahren kannte;
Heißt Herr Eros: wie mein Herz
Freudig ihm entgegenbrannte!
Grüße bracht' er, wie er sprach,
Für die schöne Ungenannte,
Und er fragte Liebes viel,
Ob ich hoffend mich ermannte,
Lachte weidlich auch mich aus,
Daß ich nichts ihr noch bekannte;
Doch, dieweil er also mich
Schelmisch auf die Folter spannte,
Hub ein Lied er einsmals an,
Drin er sich an Jene wandte
Und — der lose Schalk! — von mir
Ihr unzählige Küsse sandte.

8.

Noch, Ungetreue, noch entsag' ich nicht,
Zwar lacht die Welt, indeß sie frag' ich nicht.
Dich frag' ich nur und heißt dein letztes Wort:
„Scheiden!" so sei's, denn feige klag' ich nicht.
Schnell doch entscheide dich, des Zweifels Qual,
Die lähmende, hinfür ertrag' ich nicht
Und gäb' um dich ich gleich so vieles hin,
Mich selber ganz verlieren mag ich nicht;
Das Klügste wäre Schweigen wohl, allein
Dich damit zu verletzen wag' ich nicht.
So nimm dies Lied und freundlich lies darin
Mein ganzes Herz — Das Beste sag' ich nicht.

9.

Entschieden hast du, hast es mit leichtem Muth,
Mit witzigem Scherz — so sei's denn recht und gut!
Verachtet zögst du, wenn zuletzt sich noch
Mit Heuchelei dein schwaches Herz belud;
Denn an nur widert wer, von Schicksalszwang
Beim Abschied jammernd, unter Thränenfluth
Thöricht zu bergen sucht, die lichterloh
Schon in ihm brennt, die neue Liebesgluth;
Nun haß' ich dich, mit vollem, heißem Haß, —
Denn halb Gefühl war fremd stets diesem Blut! —
Allein — das fühl' ich auch — ein Funke noch
Der Liebe glimmend in dem Hasse ruht;
Ein einz'ger Hauch, ein unvorsichtiger, nur . . .
Und neu flammt sie empor in toller Wuth.
Mag aber ich erst sie nicht bemeistern mehr,
Dann wehe dir und mir! Drum sei bei Hut!

Sonette.

An Platen.

Dich hab' ich lang verkannt und lang gemieden
Und mich gesträubt, dich liebend zu begreifen,
Gewohnt, auf solche Richter mich zu steifen,
Von denen dich dein bestes Sein geschieden.

Nun fand ich dich und in dir jenen Frieden,
Den Kraft und Fülle nur vermag zu reifen,
Und mag ich nie an deine Höhe streifen,
Sie zu bewundern doch bleibt mir beschieden;

Zu jubeln: Nein! Du bist nicht todt und steinern,
Wie mancher Blöde mir und sich gelogen,
Um deine spröde Schönheit zu verkleinern.

Wie würd' ich stets von neuem angezogen,
Dir nachzufolgen auf in jene reinern,
Verklärten Sphären, die von Wohllaut wogen!

An Uhland.

Des deutschen Wesens seelenvollster Wächter,
Gewappnet stehst du an des Graales Pforte,
Daß Keiner schändend nahe sich dem Horte,
Der deines Volkes und seines Sinns Verächter.

Fern hältst du auch, wer Eigenruhmes Pächter,
Stets Schranken setzt dem kühnen Dichterworte.
„Frei sei die Kunst!" singst du; „An jedem Orte
Der Sänger frei, wo anders er ein ächter!"

Wer aber so mit liebendem Vertrauen
Zum Horte bringen will, den führst du gerne
An deiner Hand, die Wunder anzuschauen:

Von Golde gleißt es und vom Schein der Sterne,
Mit Schimmern spannt, mit ewig maienblauen,
Der Himmel sich ob schöner Vorwelt Ferne.

An Leuthold.

(Beim Erscheinen der ersten Auflage seiner Gedichte.)

Ein wundersamer Klang rauscht mir entgegen,
Als wie der Herbstwind, der durch Gräber streicht,
Und drüber her der Schwermuth Schatten schleicht,
Wie der des Monds auf mitternächt'gen Stegen.

Und doch zugleich welch fluthendes Bewegen
Des süßesten Wohllauts, der das Herz erweicht,
Und Glanz des Feuers, welches nie verbleicht;
Vom Baum des Lebens welch' ein Blüthenregen!

Fürwahr, das preis' ich ächter Dichtung Wesen,
Und wachsend schon hör' ich's wie Jubel klingen
Des ganzen Volks, dem du zu Ruhm erlesen.

Doch eitle Lust! Zu späten Lorbeer bringen
Wir einem Haupt, das dann nur mag genesen,
Wenn fahl darum sich Todtenkränze schlingen.

An E. Werner.

Ein trüber Vorlenz, den die Nachtgewalten
Des Winters noch mit dumpfen Fesseln zwingen,
Fernher doch grüßt der ersten Schwalbe Singen,
Und zuckende Blitze oft die Wolken spalten.

Von Frost und gift'gem Thau im Bann gehalten,
Muß um ihr Leben noch die Knospe ringen,
Weil linde Winde schon auf leisen Schwingen
Verheißungsvoll an allen Enden walten.

Und sieh', nun steht er da im Morgenglanze,
Der Ostertag, begrüßt von tausend Glocken,
Und Blüthe drängt an Blüthe sich zum Kranze.

Doch kennt dein Lenz kein müßig träumend Stocken:
Er weitet emsig die erstürmte Schanze,
Und wie ein Kriegslied braust sein Siegsfrohlocken.

Leben.

Nur wer geschmeckt des Lebens Bitterkeiten,
Der mag mit Fug auch seine Süße preisen;
Wer immer schritt auf ebenen Geleisen,
Wie soll zum Grate der, zum schroffen, leiten?

Genieße doch und laß dir nichts entgleiten,
Was wohlgelaunt die Götter dir erweisen
An flücht'ger Gunst. Allein von Stahl und Eisen,
Rauh sind zumeist und grausam diese Zeiten.

Dann weh, wer stets, die ernste zu versäumen,
Die Lust nur hascht der schnellverstob'nen Stunde
Und träg sich streckt in Unkraft und in Träumen....

Umbrandet plötzlich ist er in die Runde
Von Gram und Noth, die zischend überschäumen,
Und eine Welle schlingt ihn jäh zu Grunde.

Erinnerungen.

1.

Nicht daß ich deinen Liebesschwüren traute,
Die mir bei Andern allzu oft gelogen,
Doch bin ich dir von Herzen schon gewogen,
Seit ich dir erst in's fromme Auge schaute.

Und wenn ich gleich auf lockern Sand nur baute
Der Hoffnungswünsche hoch gespannten Bogen,
Und würd' in seinen Sturz ich mitgezogen,
Kein zornig Lied doch meinen Schmerz verlaute.

Zu leicht ist jede Strafe noch bemessen,
Die so gemildert wird durch den Gedanken,
Daß unverdient das Schönste ich besessen.

Wie wollt' ich drum mich hinzugeben schwanken,
So lang ich dich an meine Brust darf pressen,
Behindert nicht durch selbstgezog'ne Schranken!

2.

Wie hat mich aufgeschreckt aus meinen Träumen
Der Wetterstrahl, aus blauer Luft gezückt,
Wohl hatte Schwüle lang' uns schon umdrückt,
Doch nicht den Himmel sah ich sich umsäumen.

Mein wundes Herz, sich zorngewaltig bäumen
Wollt' es zuerst, doch ist der Zorn zerstückt,
Und vor dem Recht, das deine Härte schmückt,
Muß auch der Mißmuth seine Rechte räumen.

Daß ich gefehlt, nicht schwank' ich's zu bekennen,
Ja, daß ich oft mißachtet deine Triebe,
Die mir verzehrend nun im Herzen brennen.

Doch so bir auch der Gründe bester bliebe,
Von einem Ungetreuen dich zu trennen,
Spricht für den Reuigen nicht deine Liebe?

3.

Wie ich mit aller Liebe dich umfange,
Erfuhrst du nie, da ich gewußt zu schweigen;
Des scheuen Auges schwärmerisches Neigen,
Die jähe Röthe dieser blassen Wange —

Mit Wohlgefallen sahst du sie seit lange,
Doch wähntest du, blos Demuth sollt' es zeigen,
Denn daß auch Wünsche sich zu dir versteigen,
Davor ward deinem Stolz ja nimmer bange.

Nun weilest du an ferneren Gestaden,
Wo du im Sturm dir jedes Herz errungen
Und Wonne blüht und Glück an deinen Pfaden.

Auch dort halt' ich unsichtbar dich umschlungen,
Mit meiner Sehnsucht festgeknüpftem Faden
Den Kranz dir windend dieser Huldigungen.

4.

Gleich Nebeln ist mein junges Glück zergangen,
Trostlos vor mir enthüllend eine Wüste,
Ein brandend Meer ohn' Eiland, ohne Küste,
Das man Verlangen heißt und Nieerlangen.

Drin lieg' ich nun gebunden und gefangen,
Weil ich zu früh die Lust der Erde büßte,
Und keine Schranken kannte mein Gelüste,
Die es am Ende eisern doch umschlangen.

Wohl steht ein Stern noch über mir und flimmert
Ein milder Tröster meiner wilden Plagen,
Ein Auge, das in Mitleidsthränen schimmert.

Allein, ein ew'ger Zweifler, muß ich klagen:
„Wird nicht der Sturm, der um mich tobt und wimmert,
Verdüsternd bald die Wolken drüber jagen?"

Herbst.

Wie soll sich nur zu unserm Kummer schicken
Die gold'ne Ruhe, die das Thal umschließt,
Der süße Schein, der längs den Bergen fließt
Und der uns schmeichlerisch sucht zu erquicken!

Uns kann kein Reiz der Hoffnung mehr bestricken,
Da ihrem Schooß doch Täuschung blos entsprießt,
Und uns verdrießt der feige Rath: Genießt!
Im Lüstetaumel laßt den Gram ersticken.

Schon malen sich die Wälder mannigfarben
Und graue Nebelschatten seh' ich steigen
Aus Stoppelfeldern, die noch jüngst voll Garben.

Und weil ich weiß, daß sich zu Tod nun neigen
Die Wonnen, die wir sommerlang erwarben,
Bring' ich den gellen Mißton nie zum Schweigen.

Idyllen.

1.

Nach Blumen war sie über Feld gegangen,
Schon lag das bunte Kränzchen halb gewunden,
Als ich mit Rosen, frisch im Haag gefunden,
Hin zu ihr trat und hocherglüh'nden Wangen.

Sie nahm mein Sträußchen an und unbefangen:
„Zu Danke", sprach sie, „bin ich gern verbunden."
Flugs war auch meine Schüchternheit entschwunden,
Ein Küßchen wagt' als Sold ich zu verlangen.

Nun ward sie roth, doch bot sie rasch ihr Mündchen,
Und gerne bot sie dar mir's augenscheinlich:
Wir herzten uns wohl an ein Viertelstündchen.

Sie riß sich los, doch war ihr's sicher peinlich;
Ihr Kränzchen ließ sie mir zurück beim Scheiden:
„Dein Strauß und ... Du!" — Mein Alles für die
                                  Beiden!"

2.

Blutroth im West die Wolken sich besäumen,
D'raus nah und näher dumpfe Donner grollen,
Und wilder stets des Seees Wogen rollen,
Bis jäh am Strand sie platzen und zerschäumen.

Der Wand'rer fährt empor aus stillen Träumen,
Lang um sich schauend mit verwund'rungsvollen,
Unstäten Blicken und mit leisem Schmollen;
Dann schwenkt er lächelnd zu den nächsten Bäumen.

„Wie sie erstaunen wird und hold erschrecken,
„Daß ich bei solchem Wetter Wort gehalten,
„Und mich zum Dank mit Küssen wird bedecken!

„Dann aber leg' ich mein Gesicht in Falten,
„Mit meiner Treue prahlend sie zu necken,
„Bis mir den Mund die lieben Händchen halten!"

Einst und Jetzt.

1.

Als noch die Schanzen um die Stadt sich schlangen,
Drauf alte Linden ihre Kronen wiegten,
Und lauschige Gräben sich an's Bollwerk schmiegten,
Wie oft als Kind hab' ich mich dort ergangen!

Und gar im Lenz, wenn alle Vögel sangen,
Zum hellen Spott des Winters, des besiegten,
Wie da wir Jungen selbst so tapfer kriegten
In freiem Scherz, weil rings die Stadt gefangen!

Drauf, wenn uns, müd vom Spiel, die Wangen glühten,
Sind in die kühlen Gräben wir gedrungen,
Wo stillversteckt die schönsten Veilchen blühten.

Und war uns erst ein buft'ger Fund gelungen,
Wie bargen wir ihn sorglich in den Hüten!
Und „Mutter!" jauchzend sind wir heimgesprungen.

2.

Die Linden und die Wälle sind gefallen,
Frei dehnt die Stadt sich aus in stolzem Bogen,
Und an den Wegen, die wir einsam zogen,
Steht Haus an Haus gereiht und Hall' an Hallen.

Verklungen ist der Vögel Jubelschallen,
Die scheuen Sänger sind davon geflogen,
Fort aus dem neuen, wildgeschäft'gen Wogen
Voll Staub und Dampf und Dunst und Peitschenknallen.

Die stillen Veilchen auch sind all' verkommen,
Und so sich ein's, ein blasser Fremdling, fände
An kümmerlichem Ort, was möcht' mir's frommen?

Der Mutter sprossen schön're im Gelände
Des Grabes doch, das längst sie aufgenommen,
Und leerer ist mein Herz schon als die Hände.

Nachruf.

An die Schweiz.

In öder Fremde Landen
Gedenk' ich dein, o Schweiz,
Da hab' ich erst verstanden
All deinen Zauberreiz,
Da hat mich dir verbunden,
Du wonnesame Fei,
Ein Herz voll Weh und Wunden,
Das einst wie du so frei;
Doch, ob es gleich verbittert
In schnöder Fesseln Zwang,
Noch schwillt es froh und zittert
Bei deines Namens Klang.

Und Bilder, ernst und prächtig,
Wie deiner Alpen Wacht,
Entsteigen wieder nächtig
Der Träume tiefstem Schacht,
Und hoher Ahnen Schatten
Umschweben mich zur Stund,
Die einst auf Rütli's Matten
Getagt in heil'gem Bund,
Und Lieder, längst verklungen,
Erwachen wieder leis,
Die dir zu Preis gesungen
Ein stolzer Bardenkreis.

Auch and're miterwachen,
Die selbst ich sann und sang,
Als noch auf leichtem Nachen
Mein Leben trieb entlang.
Und sieh, vom Wiederhalle
Entschwund'nen Glückes voll,
Hier biet' ich dir sie alle
Als späten Dankes Zoll:
Ein Kranz von blassen Sternen,
Um deinen Sonnenthron
Gelegt von deinem fernen
Und doch getreusten Sohn.

New=York.

Dritter Theil.

Schweizerräthsel.

„Kennt ihr die alte Veste,
Hoch in der Länder Kreis?
Rings strömen her die Gäste
Zu ihrer Schönheit Preis."

* * *

Als neckische Pagen führen
Wir Räthsel euch rundum
Und öffnen sacht die Thüren
Zu ihrem Heiligthum.

I.

Charaden.

1.

Grau ist die Erste, die Zweite von silbernem Glanze,
Spielend in buntesten Farben, zerflattert am Felsen das Ganze.

2.

Ein Vogel ist die Erste,
Viel Zweite machen Gebirge;
Als Städtchen liegt das Ganze
Im grünen Seebezirke.

3.

Die Erste hat Zinnen und Mauern,
Die Zweite bewohnen nur Bauern;
Vom Hügel winkt stattlich
Das Ganze zuthal;
Heda, ihr Herrn Berner,
Nun rathet einmal!

4.

Als Hauptwort ist die Erste scheu,
Als Beiwort grimmig wie ein Leu.
Die Zweite ist bald groß, bald klein,
Schließt Glück und Glanz wie Elend ein.
Das Ganze nennt dir einen Ort,
Zwar arm und weltverloren,
Doch ward ein Glaubensstreiter dort
Für alle Welt geboren.

5.

Wie nennt ihr die zwei Ersten, zunächst verwandt dem Licht?
Die Dritte haben Mädchen und zarte Knaben nicht.
Doch heiß' ich euch zum Ganzen nun noch ein Zeichen fügen,
So schultern's uns're Väter auf ihren Heldenzügen.

6.

Durch Dinge, wie die Erste nennt,
Streicht nur die leere Luft.
So schnell die Andre läuft und rennt,
Einst bleicht sie in der Gruft.
Ein h heraus, die Zwei vereint,
Was gilts? Ein Maler euch erscheint.

7.

Waschen frommt der Ersten nicht,
Dunkel bleibt sie wie die Dohlen,
Aber Blümlein bunt und licht
Magst du aus den letzten holen.
Nimm ein Zeichen dann heraus
Und verbinde, was geblieben —
Und in wirrem Schlachtengraus
Siehst du Oestreichs Heer zerstieben.

8.

Die Erste wächst im Weiher wie im Nil,
Die Zweite ist kein Kartenspiel;
Vereine sie und wirf ein Zeichen aus,
So wird's der Schweiz Getreidehaus.

9.

Die Erste hat Augen gar groß und gar klug;
Rings um dich herum sind der Zweiten genug.
Nimm' weg nun ein Zeichen, verbinde sie recht,
So werd' ich ein mächtiges Schwyzergeschlecht.

10.

Nur mir gehört die Erste mit Fug zum Eigenthum;
Im Kreise dreht die Zweite sich immer um und um.
Ein Klausner war das Ganze und neuer Ibykus,
Zu welchem nun als Heil'gem der Pilger beten muß.

11.

Oft mag im Ersten unter Eichenbäumen
Der Knabe still vom Ruhm der Zweiten träumen
Und unter Helden glänzend wieder wallen
Das Ganze sehn — und ach! vom Beile fallen.

12.

Die Erste ist bald dies, bald das,
Die Zweite, wo nicht trocken, naß;
Zu schwer, meint ihr? Nur nicht verzagt,
In Bern erst nach dem Ganzen fragt.

13.

Ueber's Erste trägt der Kahn dich,
Letzte nennen Hahn und Schwan sich,
Und das Ganze, ruhmumsponnen,
Steht in Basel auf dem Bronnen.

14.

Die ersten Beiden auf dem Hut,
Zieh' über die Dritte wohlgemuth,
Und führt die Fahrt zum Ganzen ein,
Grüß' mir die Feste auch beim Rhein.

15.

Sticht das spitze Erste dich,
Gleich das Zweite seufzt und stöhnt,
Doch das Ganze breitet sich
Unter'm Schlosse ruhmgekrönt.

16.

Fernhin mag das Erste klingen,
Bächlein durch das Zweite springen,
Doch den rothen Saft der Reben
Mög' das Ganze reichlich geben.

17.

Einmal kehrt mit jedem Jahr
Unser erstes Silbenpaar
In der Monde Kreislauf wieder;
Trägt die Dritte auch kein Mieder,
Steckt sie doch — wie sonderbar! —
Drin so gut als in Gefieder.
Von des Ganzen hohem Paß
Fährt manch weingefülltes Faß
In Graubündens Thäler nieder.

18.

Die Erste lockt deine Begierde,
Die Zweite trägt Blumen als Zierde;
Das Ganze nur findest du nimmer —
Begraben in Felsengetrümmer.

19.

Durch den sonnigen Gau die Erste weht,
An der Zweiten Fenster ein Ritter steht,
Und ruft den zechenden Waidgesellen:
„Grün ist schon der Wald, lichtgrün, wie die Wellen
Der Aare tief unten dort glitzern und gleiten;
Frech werden die Bauern, bedrohlich die Zeiten:
Ich will 'mal zum Amtmann in's Ganze reiten."

20.

Eins und Zwei im Reich der Wonne
    Schwingen gold'ne Flügel;
Hoch vom Dritten lacht die Sonne
    Nieder auf die Hügel;
Durch des Ganzen Klostergänge
    Stille Mönche wallen
Und die bunte Fremdenmenge
    Tafelt in den Hallen.

21.

Die Erste gleicht der Lanze
Und borstig ist die Andre;
Vom See her grüßt das Ganze,
Wenn ich zur Scheideck wandre.

22.

Es regnet Hieb' und Schläge
    Bei Eins und Zwei,
Und wie ein Holzklotz träge
    Erträgt sie Drei;
Das Ganze krönen Wälder
    Mit Bad und Burg,
Doch willst an's Ziel du bälder,
    Fahr' mittendurch.

23.

Die ersten Zwei bedeuten Pilgerschritte;
Der Sonne Spiegel ist die klare Dritte
Und Dritte ist hinwiederum das Ganze,
Umbaut von himmelhoher Bergesschanze.

24.

Oft mag wohl meine Zweite
    Zugleich die Erste sein,
Dann aber sagst du füglich,
    Daß sie nicht klar und rein.
Als Dörfchen liegt das Ganze
    Dicht überm jungen Rhein
Und ringsum an den Halben
    Gedeiht der Feuerwein.

25.

Das Erste verträgt sich mit muthiger That nicht,
Das Zweite ist vielgestalt, meist doch gerad' nicht;
Bist selbst du das Erste, ein Räthsel dann rath' nicht,
Und such' zu erklimmen des Ganzen Grat nicht.

26.

Unaufhaltsam geht die Erste
Lautlos fort von Stund' zu Stunde;
Doch die nächsten Beiden bergen
Dröhnenden Schall in ihrem Munde,
   Und hernieder
   Von der Vierten
   Und hinwieder
   Auch vom Ganzen
Tragen sie der Ersten Kunde
  Weithin in die Runde.

27.

Wessen Fessel liegt zerbrochen,
Mag sich füglich Erste nennen;
Aus dem feuchten Grund gestochen
Wird die Andre zum Verbrennen,
Und im Ganzen badend heilen
Städter ihren Spleen zuweilen.

28.

Nenn' Schall die Erste oder Klang,
  Ich habe nichts darwider;
Gleich einer Burg vom Bergeshang
  Schaut stolz die Zwei hernieder.

Das Ganze ist ein alt Geschlecht
  Und jenes Helden Wiege,
Dem einst vor blutigem Gefecht
  „Die Sonne schien zum Siege."

29.

Unsre ersten Beiden schwanken
Zwischen Nichtsein noch und Sein;
Doch wenn erst die Dritten wanken,
Bangt ihr, brech' das Ende ein. —
Einen Held im spiegelblanken
Helm und hellen Panzerschein
Nennt das Ganze; Hirten danken,
Daß, die Väter zu befrei'n,
Spottend seines Adels Schranken,
Mit er focht in ihren Reih'n. —
Um der Grafschaft Berge ranken
Wälder sich und blüh'nder Wein,
Und der Felder grüne Flanken
Netzt der jugendliche Rhein.

30.

Ehrt, sagt der Dichter, meine ersten Zwei,
Nährt euch von Früchten, wachsend auf der Drei,
Kehrt aber durstig ihr im Ganzen ein,
Leert einen Maßkrug kühlen Apfelwein.

31.

Die Erste schmückt mit lichtem Grün
  Der junge Zaub'rer Mai;
Viel bunte Blumen im Sommer blüh'n
  In unsern letzten Zwei.
Das Ganze läßt aus gold'nem Horn
  Im Herbst die Früchte regnen,
Doch mag es auch in hellem Zorn
  Das Bad gar blutig segnen.

32.

Stumpf und spitz, in allen Ecken
Stoß' ich auf die ersten Beiden,
Trägt die sumpfige Dritte Hecken,
Gleicht sie völlig auch den Heiden.
    Heil dem Ganzen,
    Heil dem Recken,
  Hingesunken über Lanzen,
    Deren Schneiden
Tief im edeln Herz ihm stecken!

33.

    Sanft und dumm
      Ist die Erste,
    Müd und stumm
      Ist die Andre.
    Aber wandre
    Auf das Ganze:
    Felsenflüh'n
    Gleich einer Schanze
    Bau'n sich auf;
    Fern erglüh'n
In dem stillen Alpenkranze
Schneeige Zinnen, Joch und Knauf,
    Und durch's Thal,
    Ein Silberaal,
Nimmt die Aare ihren Lauf.
    Glückauf!

34.

Sei die Erste kühn und frank,
Weg mit Frohn und Bürde,
So verleih'n wir dir zum Dank

Wohl der Zweiten Würde,
Dort, wo Dorf an Dorf zum Kranze
Schlingt das schöne, grüne Ganze.

35.

Eins und Zwei mag Jeder sein
In Palast und Hütte.
Wie der Schwan so licht und rein
Ist die schneeige Dritte.
Doch ein Stern, gar schmuck und fein,
Nickt das Ganze vom Gestein,
Pflückt es sacht! — ich bitte.

36.

Den Thau, der lind vom Himmel quillt,
    Saugt Eins mit durstigen Zügen,
Die Letzten aber sind das Bild
    Des Vaters aller Lügen,
Und Feuer schießt mit Donnerkrachen
    Aus unf'res Ganzen Eisenrachen.

37.

Eitel, falsch und flatterhaft,
Heißt es, soll die Erste sein;
Aber auf der Wanderschaft
Kehrst du dürstend und erschlafft
Gerne bei den Letzten ein,
Und im Ganzen her und hin
Trat wohl auch mit frommem Sinn
Ein die Eins — als Klausnerin.

38.

Fest ist die Erste, flüssig sind
Und leicht bewegt die Andern,
Das Ganze hoch aus Rhätien rinnt,
Zum jungen Rhein zu wandern.

39.

Die ersten Zwei sind heiß und kalt,
Bald feucht, bald wieder trocken,
Die Himmelsluft ihr Aufenthalt,
Die Wolken ihre Locken.
Die Dritte stößt, d'rum rath' ich, nicht
Den Träger zu erbosen;
Jedoch mit lachendem Gesicht
Mag drein der Jäger stoßen.
Vom Aar umkreist, vom Föhn umweht,
In blitzendem Gewande
Schaut sich des Ganzen Majestät
Ringsum im Alpenlande.

40.

Als Einzahl mußt du immerdar
Die kurze Erste fassen,
Und einsam wird das letzte Paar
Wohl auch sich niederlassen,
Doch ungezählte Pilgerschaar
Strömt durch des Ganzen Gassen.

41.

Lieber Basler, nimm dies Büchlein;
Thu', was dich die Erste heißt,
Aber strengen meine Sprüchlein
All zu sehr dir an den Geist,

Wirf es weg und durch die Andre
Längs der lustigen Ergolz wandre.
Bis du beide erst verbunden
Und entfernt das rechte Zeichen,
Magst du wohl im Lauf der Stunden
Auch das Ganze noch durchstreichen.

42.

Die Erste ist ein kleines Korn,
Gar wohlbekannt dem Inder,
Doch schneidet sie von Baum und Dorn
Auch jeder Besenbinder.

Die andern Beiden — nun, sie sind
Nicht minder leicht errathen,
Es lernt sie schon das kleinste Kind,
Das nicht zu krumm gerathen.

Vom Ganzen aber ließ vor Zeit
Der Schweizer sich bethören
Und Landesehr' und Einigkeit
Durch fremdes Gold zerstören.

43.

Die ersten Zwei sind weltbekannt
Durch lustig tolle Streiche,
Wo aber grimm die Drei entbrannt,
Fällt blutend Leich' auf Leiche.
Doch hei, wie lehrte schnell und fein
Sie wiederum im Ganzen
Die ersten Zwei auf Feld und Rain
Nach unsrer Pfeife tanzen!

Logogryphe.

1.

Ob ich's von vorn, ob ich's von hinten lese,
Es bleibt dasselbe, weltberühmt durch Käse.

2.

Von vorn benenn' ich Stadt und See
Am Fuß der Juraberge;
Von hinten berg' ich Wohl und Weh
Für Riesen so wie Zwerge.

3.

Von vorn ein Flüßchen mit kleiner Stadt,
Ein großer, berühmter Fluß von hinten,
Jene im bergigen Land der Waadt,
Dieser in spanischer Mark zu finden.

4.

Von vorn ein Berg — ihr kennt ihn wohl,
Von hinten heißt er Monopol.

5.

Rathet, wer bin ich, ihr räthselbeflissenen Geister!
Thoren selbst haben im Kopf mich und Bettler zum Eigenthum;
Aber nun stellet am Ende die beiden Zeichen mir um,
Siehe, so werb' ich zum milden und hochbeherzten Burgmeister,
Welchem die Gegner sogar freudig vererben den Ruhm.

6.

Mit p sah ich auf blut'gem Feld
   Der Ahnen siegreich Streiten,
Mit b seh' ich die Söhne noch
   Tagtäglich mich durchschreiten.

7.

In Oesterreich ein fester Ort,
Der Welt bekannt durch freulen Mord,
Ein Zeichen vorn, eins hinten dran,
So kennt mich jeder Schweizermann
   Aus jener Schlacht,
   Die Oestreichs Macht
   Zu Fall gebracht.

8.

Mag stolz sich gleich
Im Reussenreich
a mit der See verbinden,
Von i seh'n stolzer wir die Reuß
Dem See sich leicht entwinden.

9.

Ein finstrer, spanischer Grande
Die Geißel der Niederlande —
Zwei Zeichen vor den Schluß:
Ein Alpenpaß und Fluß.

10.

u wölbt sich stolz über Kirchenhallen,
a sah einen Streiter der Kirche fallen.

11.

Es trägt mich auf dem Haupte keck
Der eiserne Reiter beim Turnei'n;
Doch nimmst du meinen Kopf mir weg,
So stürzt der Berg auf mich herein.

12.

M schreibt die Geschichte auf's Ruhmesblatt,
I kennen die Winzer der schönen Waadt
Und G die Bürger der Bundesstadt.

13.

Wohl dir, wenn dein Gewissen rein,
Vor mir dann mag es sicher sein;
Ein Zeichen weg, ein and'res ein,
So werf' ich gar mich in den Rhein —
S'ist Reuß und Reue, meinst du? — Nein!

14.

e wohnt auf Alpenweiden,
 Ein Hirte, frei und schlicht:
Die Dinge unterscheiden
 Kannst ohne i du nicht,
Doch Christen so wie Heiden
 Gibt o das gleiche Licht.

15.

Mit u, ein Wildbach, rausch' ich
 Das Wiegenlied der Schweiz,
Mit r dem Trostwort lausch' ich
 Des sterbenden Herrn am Kreuz,
Mit a und r vertausch' ich
 Das Recht um schnöden Geiz.

16.

Ein alt ehrwürd'ger Schweizerort,
Wo einst des Klausners Friedenswort
Den Bruderzwist zerstreute,
Und nimmst du gleich den Kopf ihm fort,
Zusammen bringt's auch heute
Noch immer frohe Leute.

17.

Mit st bedeut' und geb' ich Schläge,
a führt dich über Alpenstege.

18.

a verwandt mit Last und Leiden,
o umringt von grünen Weiden.

19.

n im luft'gen Appenzell,
Gnädig schütz' uns Gott vor l.

20.

Im stillen engen Haus
Magst du der Welt entfliehen,
Durch's Dorf mit s jahraus,
Jahrein die Fremden ziehen.

21.

Stets wird mir armen Schlucker etwas gebrechen und fehlen,
Was freilich, weiß ich leider zumeist nur ungenau;
Indeß ein kleines s schon kann stärken mich und stählen
Mit frischer, scharfer Bergluft im stillen Prättigau.

22.

Am blauen See
Steht prächtig G,
Umschlungen von Palästen,
H auf dem Tisch,
Zu Fleisch und Fisch
Verschlungen von den Gästen.

23.

Weil unter f gar tollgemuth
Der Rhein sich überstürzt,
Bei p in Staub und Sonnengluth
Das Heer zum Strauß sich schürzt.

24.

U die Stadt in Schwaben,
E vom Berg begraben.

25.

Eine Farbe. — Rathe, Kind! —
Nimm die Mitte weg geschwind,
Und vom stillen Reich der Geister
Rufst du Zürich's Bürgermeister.

26.

Stachlicht bin ich und doch kann ich
Mich für's Vieh zum Futter eignen,
Noch ein i, so werb' als Mann ich
Lust'ge Bilder zeichnen.

27.

An der Donau liegt die „Burg"
Und im Zürichbiet der „Berg",
Doch der „Burg" vergleich' ich diesen
Als den unscheinbaren Zwerg
Gegenüber einem Riesen.

28.

Ein deutscher Mann,
Vom Kaiser geächtet, vom Papst verflucht,
Ein n häng' an:
Nach Gold der Luzerner im Flüßchen sucht.

29.

Mit n die gefürchtete Tochter der Nacht,
Bleich mach' ich die Wange, die Seele dir matt;
Mit u nun, ein Denkmal verschwundener Pracht,
Entsteig' ich dem Schutte der Römerstadt.

30.

Mit h seh' ich den jungen Rhein
Unfern vorüberwallen,
Und durch die Gassen aus und ein
Hör' ich die Peitschen knallen.
Das Posthorn ruft; durch's graue Thor
Die Wagen rasselnd eilen
Und drinnen all den Fremdenchor
Soll ohne h
Doch meist mit R
Ich in den Bergen heilen.

Homonymen.

1.

In der Kutte geh' ich,
Tief im Eise steh' ich.

2.

Ein Gefäß bald, klein und irden,
Bald der Wohnsitz froher Hirten.

3.

Rümpft ihr gleich vor mir die Nasen,
Lass' ich doch das Alphorn blasen.

4.

Ich erkälte dich,
Ich erwärme dich,
Ich trage dich weit in die Ferne fort
Und bleibe doch immer am selben Ort.

5.

Zwar gelt' ich im Gelehrtenhaus
Nur mehr als Inbegriff
Von Eigenschaft und Leben,
Doch wird von meinem Ufer aus
Noch manch' ein Aelplerschiff
Durch dunkle Seefluth schweben.

6.

In Schild und Panzer fahr' ich
Mit scharfer Eisenspitze,
Tief unter mir gewahr' ich
Die Wolken und die Blitze,
Und horsten lass' den Aar ich
Auf ödem Felsensitze.

7.

Willst du mein Bild gemalt,
Sei's auch mit mir bezahlt.

8.

Selber ein Tagedieb sonder Gleichen
Mag als Geschäft sich mit mir befassen,
Will er dagegen mich wandernd erreichen,
Muß er zuvor mich dahinten erst lassen.

9.

Den Wandrer nun am Pfade
Zu freiem Trunk ich lade,
Als Dorf nun am Gestade
Im See den Fuß ich bade.

10.

Die Kaiserwahl einst trafen wir
Und saßen im Purpurkleid
Im hohen Dom zu Speier;
Verzaubert jetzo schlafen wir
In Bergeseinsamkeit,
Umwallt vom Nebelschleier.

11.

Aalgleich wind' ich mich durch's Thal,
Wie ich heiße, ist der Aal.

12.

Das Treiben alter Götter
Und gottentsprossener Helden
Der ganzen Welt wir melden,
Dem Schwyzer auch das Wetter.

13.

Das Gegentheil von Dulden
Und allem müssigen Tand,
Führ' ich zugleich die Schlüssel
Zum Berneroberland.

14.

Kaiser einst am Tiberstrand,
Nun verschneit im Rhäterland.

15.

Alles bring' ich
In's Gedränge;
Zürich zwing' ich
In die Länge.

16.

Höher zu loben
Als Wissen und Witz,
Bin längst ich erhoben
Zum Bischofssitz.

17.

Ich schneide die tollsten Gesichter
Und spiegle im See meine Lichter.

18.

Schleifen magst du mich und wetzen
Und zu mir an's Bett dich setzen;
Stahlbewehrt, kann ich verletzen,
Wasserreich, die Matten netzen.

19.

Sonntagsreiter, gebt mir Acht;
Aus dem Sattel euch zu heben,
Hab' ich öfter schon vollbracht,

Selbst die Erde laff' ich beben,
Doch den Hirten in der Schlacht
Hab' ich Hilf' und Sieg gegeben
Ueber reisige Heeresmacht.

20.

Als Beiwort heiter stets und froh,
Als Fabeldichter ebenso.

21.

Schützen seh' ich
Auf mich zielen über Wiesen,
Schildwach' steh' ich
Den Graubündner Bergesriesen.

22.

Im Haus von Balken überdacht,
Am Berg umwogt von wilder Schlacht.

23.

Blumen lock' ich aus den Gründen
Und mit Grün die Matten kleide,
Doch als Dorf auf stiller Heide
Such' mich in Graubünden.

24.

Friedlich leuchtet
Durch die Dämm'rung er am Himmel,
Blutbefeuchtet
Blitzt er durch das Schlachtgetümmel

25.

Wenn wir bäumend uns vom Wagen,
Aus des Lenkers Hand gerissen
Und zum Abgrund schäumend jagen,
Welch ein Trost für dich, zu wissen:
  Dein Verlust ist nur gering,
  Hundert kauft ein Silberling.

26.

Krieger einst, in hellen Haufen
Zogen wir von Feld zu Feld
Und eroberten die Welt,
Heute müssen wir als Geld
Feil durch alle Hände laufen.

27.

Bis dem armen, rohen Volke
Durch des Wahnes nächt'ge Wolke
Die erlösenden Sterne winken,
Mag im Dorf an würz'ger Wolke
Mancher noch gesund sich trinken.

Auflösungen.

I. Charaden.

1. Staubbach.
2. Aarberg.
3. Burgdorf.
4. Wildhaus.
5. Hellebarte.
6. Holbein.
7. Morgarten.
8. Rorschach.
9. Reding.
10. Meinrad.
11. Waldmann.
12. Diesbach.
13. Seevogel.
14. Maienfeld.
15. Dornach.
16. Hallau.
17. Julier.
18. Goldau.
19. Lenzburg.
20. Engelberg.
21. Gersau.
22. Hauenstein.
23. Wallensee.
24. Trübbach.
25. Faulhorn.
26. Zeitglockenthurm.
27. Lostorf.
28. Hallwyl.
29. Werdenberg.
30. Frauenfeld.
31. Baumgarten.
32. Winkelried.
33. Schafmatt.
34. Freiamt.
35. Edelweiß.
36. Feldschlange.
37. Fraubrunnen.
38. Landwasser.
39. Wetterhorn.
40. Einsiedeln.
41. Liestal.
42. Reislaufen.
43. Schwabenkrieg.

II. Logogryphe.

1. Emme.
2. Biel, Leib.
3. Orbe, Ebro.
4. Eiger, Regie.
5. Wenig, Wengi.
6. Laupen, Lauben.
7. Eger, Aegeri.
8. Riga, Rigi.
9. Alba, Albula.
10. Kuppel, Kappel.
11. Helm, Elm.
12. Murten, Jurten, Gurten.
13. Biß, Birs.
14. Senne, Sinne, Sonne.
15. Schächen, Schächer, Schacher.
16. Stanz, Tanz.
17. Prügel, Pragel.
18. Tragen, Trogen.
19. Teufen, Teufel.
20. Kloster, Klosters.
21. Schier, Schiers.
22. Genf, Senf.
23. Laufen, Laupen.
24. Ulm, Elm.
25. Braun, Brun.
26. Distel, Disteli.
27. Regensburg, Regensberg.
28. Luther, Luthern.
29. Angst, Augst.
30. Chur, Cur (Kur).

III. Homonymen.

1. Mönch.
2. Napf.
3. Niesen.
4. Zug.
5. Wesen.
6. Speer.
7. Baar.
8. Lungern.
9. Brunnen.
10. Kurfürsten.
11. Glatt.
12. Mythen.
13. Thun.
14. Julier.
15. Enge.
16. Sitten.
17. Lachen.
18. Sense.
19. Stoß.
20. Fröhlich.
21. Scheibe (Sardona).
22. Speicher.
23. Lenz.
24. Morgenstern.
25. Rappen.
26. Franken.
27. Heiden.

Inhaltsverzeichniß.

	Seite
Prolog	5
Erster Theil	7—59
Stimmungsbilder	9—13
Ueber den Wellen zittert	9
Kleine Schillerfalter jagen	9
Der Mond steht über dem Meere	10
Sieh dort im Meer	11
Es steht ein Kreuz am Strande	11
Zwischen Bergen, zwischen Felsen	12
Glück auf, Glück auf zur Wanderschaft	12
Jahreszeiten	14—25
Wenn der Frühling durch die Welt	14
Nun schlägt der Frühling die große Schlacht	15
Die Wolken wieget ein würziger Wind	16
Leise schwebt im Blauen	16
Launisches Aprilenwetter	17
Das war der große Zaubrer Mai	17
Am Himmel blitzt der Abendstern	18
Rauschende Wälder	19
Ich weiß einen Klang	20
O sieh, wie Duft durchschwebet	21

	Seite
Die bleichen Sterne sanken	22
Das ist der Herbst	22
Durch dürre Wälder schreit' ich jacht	23
Wenn das Heimchen zirpt	24
Ob wohl die stille Erde, nun	24
Still mit den ersten Veilchen	25
Wandermappe	26—33
Grau hängt die Nebelnacht	26
Leichte Wellen, leise Winde	27
Kräusle, Wind, die Wellen	28
Es geht ein Rauschen durch den Wald	29
Wie lauschig abgeschieden	30
Es braust der Waldbach	30
Ja, blinket nur, ihr Zeiger beid'	31
Wenn der Mondschein auf den Wäldern lauscht	32
Confessionen	34—47
Durch die Nacht erlosch'ner Wonnen	34
Tapfer duld' es, was dir Schweres	34
O du liebe, spröde Knospe	35
Schon dämmert's ringsum wieder	36
Nun mein und dein für immer	37
Ein leichter Falter ist mein Herz	38
Ein Narr ist, wer beim Sternenschein	39
Auch ich bin ein Don Juan	39
Nun bist du mir verloren gar	40
Wenn ich die Leute frage	41
Und wenn am Haag die Veilchen blühn	42
Nun genug des Widerstrebens	42
Eine Lieb' in diesen Busen	43
Einen Becher hast du mir geboten	44
Es war ein Traum	44
Die sich're Ruh zu finden	45
Noch einmal grünt mit frischem Laub	46
Nun darf ich dir's wohl sagen	46

	Seite
Büchlein der Liebe	48—57
Willst du mich lieben	48
Was frag' ich, ob ich lieben darf	49
„Blind sei die Liebe"	49
Und so muß ich's doch bekennen	50
Zieht enger an die Binden	51
Frau Minne kommt die Blüthenbahn	52
Es will die Liebe reden	52
Im Auge stand die Frag' ihr oft	53
Wie seltsam doch ist mir's ergangen	54
Ich weiß eine edle Veste	55
Grablieder	58—59
Der Herbstwind saust und stöhnet	58
Wenn ihr, Blumen, seid die blauen	58
Ein Wort auf deinen Leichenstein	59
Schlafe, o schlafe, mein Kind	59
Zweiter Theil	61—104
Uebersetzungen	63—81
Aus amerikanischer Lyrik	63—79
Schlaftrunken flüstern die Blumen	63
Ein gramvoll Weib rief mich herein	64
Lang war auch er nur, was wir alle sind	64
Eine garstige, schimmelnde Rebe kriecht	64
Sag' nicht, daß ich mit falscher Huld	65
Laßt Andre nur singen	66
Ich bin nicht alt, ob Jahre schon	67
Es steht am Thor, durch das ich geh'	68
Harun al Raschid las bereinst	68
Der Regen fällt in Einem fort	69
Kommt, laßt uns pflanzen den Apfelbaum	70
Thöricht nach der besten Zeit	73
Eine Rose ohne Dornen	74
Eine wandernde Wolke	75
Ich bin wie ein zerbrochen Rohr	75

	Seite
Mein Herz ist hell vom Mai	76
Mein Trost, mein Kleinod du	76
Krieg wider Babylon	79
O Abendläuten, Abendläuten	80
O traute Stunde, wenn die Abendgluthen	81
Ritornelle	82
In Spruchform	83—89
Variationen	83
Basler Wahrspruch	84
Lebensregel	84
Conservativ	85
Fatalismus	85
Liebe	85
Egoismus	85
Form	86
Apologie	86
Amerikanische Xenien	86
Lob des Leman	88
Genf	89
Ghaselen	90—94
Der Stütze los gedeiht die Rebe nicht	90
Vom Aether fuhr ein Lied, vom blauen, her	91
Zu spät	91
„Dulde!" sprach des Herzens Stimme	92
Die Palmen recken ihre Kronen hoch	92
Eine wunderholde Stunde	92
Endlich kehrt der Langverbannte	93
Noch, Ungetreue, noch entsag' ich nicht	94
Entschieden hast du	94
Sonette	95—103
An Platen	95
An Uhland	95
An Leuthold	96
An E. Werner	97

	Seite
Nur wer geschmeckt des Lebens Bitterkeiten	97
Nicht daß ich deinen Liebesschwüren traute	98
Wie hat mich aufgeschreckt	98
Wie ich mit aller Liebe	99
Gleich Nebeln ist mein junges Glück zergangen	99
Wie soll sich nur zu unserm Kummer schicken	100
Nach Blumen war sie über Feld gegangen	101
Blutroth im West die Wolken sich besäumen	101
Als noch die Wälle um die Stadt sich schlangen	102
Die Linden und die Wälle sind gefallen	102
Nachruf	103

Dritter Theil (Schweizerräthsel) · 105—131
  Charaden (1—43) · · 107
  Logogryphe (1—30) · · 119
  Homonymen (1—27) · 126
  Auflösungen · · 132